24103

# *PRINCIPES*
# DU DROIT CIVIL
# ROMAIN.
## *TOME SECOND.*

F. 844.
12.

F. 3508. 8.

# PRINCIPES
# DU DROIT CIVIL
# ROMAIN.

*Par M.* OLIVIER, *D. ès D.*

## TOME SECOND.

*A PARIS,*

Chez MERIGOT l'aîné, Libraire, Quai des Augustins, près la Rue Dauphine.

M. DCC. LXXVI.

*Avec Approbation, & Privilege du Roi.*

# PRINCIPES DU DROIT CIVIL ROMAIN.

## TROISIEME PARTIE.

*Des moyens d'acquérir les choses à titre onéreux.*

### SECTION PRÉLIMINAIRE.

*QUELS sont les moyens d'acquérir à titre onéreux.*

ON acquiert *à titre onéreux*, lorsqu'on a une certaine charge à remplir sans laquelle on n'acquéreroit point; ainsi ceux qui acquierent en vertu d'une convention acquierent à titre onéreux, parce que les conventions ſont toutes fondées ſur un avantage qu'un des contractans retire d'un déſavantage qu'il ſupporte : par exemple, dans un acte de vente, l'acheteur a l'avantage d'acquérir la proprieté de la choſe vendue, & le déſavantage de payer le prix convenu.

Il en eſt de même de toutes les autres conventions ou obligations. Elles ont pour objet le profit qu'une des Parties trouve dans le préjudice ou la charge de l'autre.

Les titres en vertu deſquels on acquiert une choſe, ou des droits ſur une choſe, ſont plus ou moins onéreux, ſuivant les eſpeces de conventions ou contrats ſur leſquels ils ſont fondés. On diſtingue deux eſpeces de contrats, les contrats intéreſſés de part & d'autre, & les contrats de bienfaiſance.

Les contrats intéreſſés de part & d'autre, tels que la vente, l'échange & le louage, ſont ceux qui produiſent les titres les plus onéreux, puiſqu'on n'acquiert par eux qu'en s'impoſant une charge qui eſt équipollente au profit qu'on retire.

Quoique dans plusieurs de ces contrats, il y ait de l'inégalité entre les profits qui résultent pour chacune des Parties, en ce que l'une peut gagner plus que l'autre, les profits doivent néanmoins être réputés égaux; car si le contrat attribuoit à l'une des Parties un avantage excessif sur l'autre, il seroit dans le cas d'être rescindé par le motif de lésion.

Les contrats de bienfaisance sont tantôt des titres lucratifs, tantôt des titres onéreux. Lorsqu'ils contiennent une donation, ils sont des titres lucratifs, comme nous venons de le voir dans la seconde partie; lorsqu'ils n'attribuent aucun droit qui soit purement gratuit, mais qu'ils imposent une charge quelconque, ils sont des titres onéreux; ainsi le prêt à usage, le prêt de consomption, le dépôt & le mandat, sont des titres onéreux, quoiqu'ils procurent des avantages gratuits, à cause des obligations que les emprunteurs, les déposans & les mandans contractent comme nous le verrons ci-après.

Sous ce point de vue, toutes les especes

d'obligations doivent être la matiere de cette troisieme partie; car elles sont toutes des moyens d'acquérir à titre onéreux.

## CHAPITRE I.

### SECTION I.

*Des obligations en général.*

L'OBLIGATION est un lien du droit qui astreint quelqu'un, en faveur d'un autre, à la nécessité de faire quelque chose.

On distingue deux sortes d'obligations; l'obligation naturelle, & l'obligation civile.

De l'obligation naturelle.

L'obligation naturelle est celle que la nature nous impose. La nature nous en impose de deux especes, l'une qu'elle a rendu commune à tous les animaux, & qu'elle leur inspire par le seul instinct : telle est l'obligation imposée aux peres & aux meres de nourrir leurs enfans; (1) l'autre que la

(1) L. 3 & 4, cod. de alend. liber. L. 8, §. 5, cod. de bonis quæ liber.

raiſon dicte ſeulement aux hommes, & qui eſt du droit des gens : comme l'obligation de remplir une promeſſe qu'on a faite, ou l'obligation de garder avec ſoin une choſe qui a été confiée à notre bonne foi.

De l'obligation civile.

L'obligation civile eſt celle qui lie les ſujets d'un Etat, les habitans d'une Province, les citoyens d'une Ville à l'exécution des Loix & des Coutumes qui ſont en vigueur dans cet Etat, dans cette Province ou dans cette Ville (1).

Lorſque l'obligation n'a ſa ſource que dans la diſpoſition des Loix ou des Coutumes, elle eſt purement civile : telle eſt l'obligation de donner aux enfans leur légitime.

Lorſqu'on a contracté, avec les formalités preſcrites par les loix, des obligations qui n'étoient que naturelles, parce qu'elles

(1) Cette obligation a lieu même contre ceux qui ignorent ces Loix, parce qu'il n'eſt permis à perſonne de les ignorer. L. 12. cod. de jur. & fact. ignor.

n'existoient que par la seule stipulation des Parties; ces obligations naturelles deviennent civiles au moyen de ces formalités: telle est la promesse de payer une certaine somme; si elle a été faite sans écrit, sans témoins & sans formalités, elle ne produit qu'une obligation naturelle; si elle a été passée devant des témoins, un Notaire, ou autre Officier public, & a été ainsi revêtue des formalités, sans lesquelles les loix n'assureroient point l'exécution de cette promesse, l'obligation qui en résulte est non-seulement naturelle, mais elle est encore civile.

Il y a donc des obligations qui sont naturelles & civiles en même temps, d'autres qui sont purement naturelles, d'autres qui sont purement civiles.

Toutes les fois que l'obligation est naturelle & civile en même temps, on ne peut se défendre de l'accomplir, parce qu'on a contre soi son propre fait & les loix. Dans les cas auxquels l'obligation est purement naturelle, & qu'il n'en existe aucune preuve légale, on doit la remplir, ſi l'on conſulte le for intérieur; mais on n'y eſt pas forcé dans le for extérieur. Lorſque l'obligation eſt purement civile, on eſt quelquefois abſolument obligé de la remplir : par exemple, ſi un homme a été injuſtement condamné à payer une certaine ſomme par un jugement dont il n'a pas formé appel, il ne peut ſe refuſer au paiement de cette ſomme après que la condamnation a paſſé en force de choſe jugée (1).

Quelquefois auſſi on peut ſe diſpenſer de remplir une obligation purement civile; c'eſt lorſqu'on peut oppoſer des exceptions : par exemple, celui qui a conſenti à une vente par laquelle il a été conſidérablement léſé, eſt tenu d'exécuter toutes les clauſes du contrat de vente en vertu de l'obligation civile qu'emporte ſon conſentement; mais il peut faire reſcinder ce contrat par le motif de la léſion, & ſe délivrer ainſi de ſon obligation.

Diverſes dénominations des obligations.

Toutes les ſortes d'obligations ou d'en-

(1) L. 27, ff. de re judic.

gagemens ſe forment par convention ou pacte, par promeſſe ou pollicitation, ou bien par contrat.

La convention ou le pacte eſt le conſentement de deux ou de pluſieurs perſonnes qui ſont d'accord pour le même objet (1); s'il ſe traite dans la convention d'une choſe à faire dans la ſuite, cela s'appelle une promeſſe ou pollicitation.

Il eſt néceſſaire que la promeſſe ou pollicitation ait été acceptée par celui en faveur duquel elle a été faite ; autrement elle n'eſt pas obligatoire, à moins qu'il n'y ait eu un juſte motif de la faire (2) *.

En général on appelle contrat toute convention ou promeſſe ; mais principalement on donne le nom de contrats aux conven-

---

(1) L. 1, §. 2, ff. de pactis.

(2) L. 1 & 2, ff. de pollicit. * En France, la pollicitation, relativement aux donations, n'eſt jamais obligatoire parce qu'il n'y a que deux manieres de diſpoſer gratuitement de ſes biens, la donation entre-vifs & le teſtament.

tions, qui ont été rédigées en acte public suivant les formalités légales.

On distingue les contrats nommés d'avec les contrats innommés.

Les contrats nommés sont ceux qui ont un nom qui les désigne particuliérement, sous lequel ils reçoivent des regles spéciales, comme les actes de vente, de dépôt, de louage, de société.

Les contrats innommés sont ceux qui n'ont aucun nom particulier, comme les contrats par lesquels quelqu'un reçoit quelque chose sous la promesse de faire quelque chose de son côté, ou de donner quelque chose de son côté : *do ut facias, facio ut des* (1).

Il y a ensuite les contrats *bonæ fidei*, qui résultent de la tradition d'une chose confiée à la bonne foi de quelqu'un, & les contrats *stricti juris*, qui sont toutes les conventions expressément stipulées & passées d'une maniere authentique.

---

(1) L. 7, §. 2, ff. de pactis.

On appelle contrats *ſynallagmatiques*, ceux qui ſont obligatoires de part & d'autre.

Il eſt inutile de rapporter ici beaucoup d'autres dénominations des contrats, parce que ces dénominations, étant relatives à l'objet de ces contrats, s'expliquent aſſez par elles-mêmes : par exemple, on appelle *commutatifs*, les contrats par leſquels une choſe eſt changée pour une autre : on appelle contrats *aléatoires*, ceux par leſquels une partie ſtipule qu'on lui paiera un certain prix pour un riſque qu'elle va courir : on appelle contrats de *bienfaiſance*, ceux où une partie ne s'oblige envers l'autre, que pour lui rendre un ſervice.

Tous les contrats ſont eſſentiellement des obligations; mais les obligations ne ſont pas toujours des contrats : telles ſont les obligations qui ne ſont impoſées que par la nature & par les loix.

Sous le terme général d'obligation, tous les engagemens ſont compris.

Avant que d'entrer dans les diviſions ſuivant leſquelles nous rangerons chaque eſpece d'obligation dans une claſſe particuliere, il eſt néceſſaire d'indiquer les qualités que toutes les obligations doivent avoir pour être valables, & de déſigner les regles qui ſont communes à toutes les eſpeces d'obligations, & qui ſervent à les interpréter.

---

## SECTION II.

### *Des qualités que doivent avoir les obligations pour être valables.*

De la capacité de ceux qui s'obligent.

LA premiere qualité néceſſaire pour la validité d'une obligation, eſt que celui qui s'oblige ſoit capable d'engagemens; ainſi les mineurs qui ſont ſous l'autorité d'un curateur (1), les pupilles & les interdits, ne peuvent ſe ſoumettre à des obligations, ſans l'aſſiſtance de leurs tuteurs ou curateurs, quoiqu'ils puiſſent accepter les obli-

---

(1) L. 3, cod. de in integr. reſtit. malgré la loi, 6, ff. de verbor. oblig.

gations des autres qui sont à leur profit (1). Ceux qui stipulent des obligations doivent avoir néanmoins la capacité de comprendre & de témoigner ce qu'ils veulent faire ; ainsi ceux qui sont dans l'âge puérile, ou qui sont sourds ou muets, ne peuvent acquérir d'aucune maniere par la stipulation (2).

Outre la capacité de ceux qui interviennent dans les obligations, voici qu'elles sont les autres qualités essentielles & indispensables des obligations. Il faut, 1°. qu'elles soient motivées sur une cause vraie ; 2°. qu'elles aient un objet licite & honnête ; 3°. qu'elles soient contractées de bon gré ; 4°. qu'elles soient passées avec bonne foi ; 5°. qu'elles soient équitables.

Expliquons successivement ces différentes qualités.

Des causes des obligations.

1°. Toutes les obligations doivent avoir une cause vraie ; car celles qui sont abso-

(1) L. 6, ff. de verbor. oblig.
(2) L. 1, ff. eod.

lument ſans cauſe, ou qui n'ont qu'une cauſe fauſſe, ſont nulles (1) : en voici la raiſon : Si la cauſe de l'obligation ſe trouve fauſſe, il eſt évident qu'il y a eu erreur du côté d'une des Parties ; conſéquemment cette partie n'a point prêté de conſentement, & ne s'eſt point obligée, parce qu'il ne peut y avoir aucun conſentement là où il y a erreur. *Non videntur, qui errant, conſentire* (2).

Ceux qui s'obligent ſont dans l'erreur, s'ils ignorent une choſe qui eſt eſſentiellement relative à l'obligation ; mais il faut diſtinguer l'ignorance de fait d'avec l'ignorance de droit.

L'ignorance de fait conſiſte à ignorer quelque choſe qui eſt. L'ignorance de droit conſiſte à ignorer ce qu'une loi ordonne (3).

L'ignorance de fait ne rend pas l'obligation nulle, lorſque le fait, dont on igno-

---

(1) L. 7, §. 4, ff. de pactis.

(2) L. 116, §. 2, ff. de regul. jur.

(3) L. 1, §. 1, & ult. ff. de jur. & fact. ignor.

roit la fausseté, n'a pas été la seule cause de l'obligation (1); mais lorsque le fait ignoré est tel que si on ne l'avoit pas ignoré, on ne se seroit pas vraisemblablement obligé, l'obligation est nulle (2).

L'erreur ou l'ignorance de fait n'annulle l'obligation, que quand il s'agit du fait d'autrui; car on n'est jamais excusable d'ignorer son propre fait (3).

L'erreur de calcul dans une obligation ou convention, est une erreur de fait qui n'annulle pas l'obligation, mais qui doit toujours être réparée en revenant par un meilleur calcul (4).

Les obligations ne sont pas annullées par l'ignorance ou l'erreur de droit, parce que toute personne est censée instruite des loix & des ordonnances qui sont publi-

---

(1) L. 29, cod. de transact.

(2) L. 23, ff. de condict. indebit.

(3) L. ult. ff. pro suo. L. 3, ff. de jur. & fact. ignor.

(4) L. unic. cod. de error. calcul.

ques (1); cependant si l'erreur de droit est l'unique cause de l'obligation, & qu'on n'en puisse présumer aucune autre, l'obligation est nulle, parce que, comme nous l'avons dit, elle ne peut pas être fondée sur une cause fausse (2).

On ne doit jamais présumer l'ignorance de fait ou de droit; ainsi, lorsqu'il paroît que l'obligation peut avoir été passée sur un autre motif que celui qui se trouve faux, elle doit être maintenue (3).

L'ignorance de droit qui nuit aux majeurs, ne nuit jamais aux mineurs, ni aux autres personnes qui ne sont pas capables d'engagemens (4).

Non-seulement les obligations doivent avoir une cause vraie; mais encore elles doivent être fondées sur une cause honnête.

---

(1) L. 12, cod. de jur. & fact. ignor.

(2) L. 7 & 8, ff. eod. tit.

(3) L. 9, §. 5, ff. eod.

(4) L. eâd.

Une cauſe qui eſt contraire aux bonnes mœurs opere la nullité de l'obligation (1). Il ſuit d'une obligation pareille, que celui qui s'eſt obligé & qui a reçu une ſomme pour le prix de ſon obligation, eſt tenu de rendre cette ſomme qu'il ne pouvoit recevoir ſans honte, au cas que ce qu'il y a de contraire aux bonnes mœurs, dans l'obligation, ne vienne que de ſa part; mais ſi la cauſe qui eſt contraire aux bonnes mœurs, vient, ſoit du fait de celui qui a donné la ſomme, ſoit du fait de celui qui l'a reçue, celui-ci n'eſt pas obligé de rendre cette ſomme (2).

Quoique l'obligation qui a une cauſe illicite ſoit nulle, on peut néanmoins contracter valablement une obligation relative à une action illicite qui a déjà été commiſe, & prendre à ce ſujet toute ſorte d'arrangemens par convention, pourvu

(1) L. 123, ff. de verbor. oblig.

(2) L. 3 & L. 4, §. 2, ff. de condict. ob turp. cauſ.

que

que la convention ou l'obligation ne participe point de ce qui rend cette action illicite (1).

2°. Les obligations ou conventions doivent avoir un objet licite & honnête.

De l'objet des obligations.

L'objet est illicite lorsqu'il est réprouvé par les loix ; il n'est pas honnête lorsqu'il est contraire aux bonnes mœurs (2) : telle est l'obligation contractée de tuer ou de tromper quelqu'un.

Comme aucune obligation ne peut subsister sans avoir un objet, elle est réputée n'avoir point d'objet, & par conséquent elle est nulle, si elle a pour objet un fait impossible (3).

3°. Les obligations doivent être libres & spontanées.

De la liberté qui doit régner dans les obligations.

Il n'est pas censé qu'on ait donné son consentement à une obligation, si l'on n'a pas eu la liberté d'y consentir ou de

(1) L. 27, §. 4, ff de pactis.
(2) L. 6, cod. de pactis.
(3) L. 135 & 185, ff. de reg. jur.

n'y pas consentir, d'où il suit que le consentement arraché par violence, n'est pas un vrai consentement, & ne peut établir une obligation (1).

Toutes sortes de violences rendent une obligation nulle, pourvu que ces violences aient été la véritable cause qui a déterminé celui qui a contracté l'obligation, & pourvu que ces violences aient été capables d'ébranler même un homme courageux; car des violences légeres ne suffiroient pas pour annuller une obligation (2).

C'est par les circonstances qu'on peut juger si ces violences ont été suffisantes. Le droit civil admet plusieurs manieres d'user de violences qui sont capables d'opérer la nullité des actes qui en sont la suite: par exemple, si on retient quelqu'un enfermé pour arracher de lui une obligation (3); si un Magistrat ou un homme

(1) Tot tit. ff. quod metûs causâ. L. 116; ff. de reg. jur.

(2) L. 5, 6 & 7, ff. quod met. caus.

(3) L. 8, §. 1, & L. 22, ff. eod.

puissant force quelqu'un de s'obliger contre son gré, par la crainte de quelque mauvais traitement dont il le menace (1); si un homme qui est plus fort qu'un autre, ou qui a des armes, le menace de le tuer; enfin, si celui qui contracte une obligation n'y est porté que par la crainte qu'il a qu'on maltraite des personnes qui doivent lui être cheres, comme son pere, sa mere, ou ses enfans (2).

Observons que la nullité de tout acte extorqué par violence, peut être opposée non-seulement contre tous ceux qui ont employé la violence, mais encore contre ceux qui n'en ont pas été complices (3).

De la bonne foi qui doit accompagner les obligations.

4°. Les obligations doivent être passées de bonne foi.

Si quelqu'une des parties a usé de dol, de surprise ou de feinte, l'obligation est nulle, pourvu que ce soit le dol seul qui

(4) L. 3, §. 1, ff. quod metus causa L. ult. cod. de his quæ vi metusve.

(2) L. 8, ff. quod. metus caus.

(3) L. 14, ff. eod.

ait entraîné la personne trompée à passer l'acte dont il s'agit (1). On reconnoît cela par les circonstances qui ont accompagné l'acte (2).

Le dol doit être clairement prouvé & ne se présume point (3).

Le stellionat est un des dols les plus caractérisés. Il est regardé comme un crime punissable. On appelle *stellionat* tout acte ou convention par laquelle un des contractans vend, cede ou hypotheque une chose, en dissimulant qu'il a déjà vendu, cédé, ou hypothéqué cette même chose (4).

Ce n'est point un stellionat, lorsqu'une chose, qui a été hypothéquée à deux créanciers differens à l'insu l'un de l'autre, suffit pour satisfaire les deux créances (5). Ce

---

(1) L. 2, §. 1, ff. de doli, mali & met. except.

(2) L. 1, §. 2, ff. eod.

(3) L. 6, cod. de dolo malo.

(4) L. 3, §. 1 & 2, ff. de stellionat.

(5) L. 36, §. 1, ff de pignor. act.

n'est point aussi un stellionat, lorsqu'un débiteur hypotheque tous ses biens en faveur de plusieurs créanciers; mais on doit juger du stellionat par les preuves qui témoignent que l'intention du débiteur étoit de tromper ses créanciers (1).

5°. Enfin les obligations doivent être équitables, c'est-à-dire, il doit y avoir une certaine égalité entre les obligations réciproques que les Parties contractent; ainsi dans les contrats de vente, le prix doit être proportionné à la valeur de la chose vendue. Cette égalité & cette proportion ne sont point exigées à la rigueur, mais seulement à-peu-près. Il suffit, pour que l'obligation ne soit pas rescindée, qu'elle ne renferme pas une lésion excessive. De la lésion.

La lésion n'est un motif de nullité, pour les contrats passés entre majeurs, que lorsqu'elle est énorme, c'est-à-dire, lorsqu'elle excede la moitié du juste prix de la chose

(1) Arg. L. 79, ff. de reg. jur.

dont il s'agit (1). Il faut excepter de cette regle tous les contrats *bonæ fidei*, & ceux où il a été question d'un partage entre des co-héritiers ou des co-propriétaires : les majeurs peuvent demander la rescision de ces deux sortes d'actes, pour quelque lésion que ce soit, pourvu néanmoins qu'elle soit un peu considérable (2). *

Les mineurs ont plus de privileges : ils peuvent demander d'être restitués contre toutes sortes de contrats où ils ont été lésés, quelque légere que soit la lésion qu'ils ont soufferte (3).

## SECTION III.

### *Regles communes à toutes les obligations.*

Les obligations n'affectent que ceux qui sont intervenus dans le contrat.

LES contrats ne peuvent obliger que ceux entre lesquels ils ont été passés, &

(1) L. 2 & 8, cod. de rescind. vendit.

(2) L. 3, cod. ex quib. caus. major. in integr. L. 3, cod. communia utriusq. jud. * En France l'usage est reçu de rescinder les actes de partage lorsqu'il y a une lésion du tiers au quart.

(3) L. 11, §. 3, & L. 44, ff. de minoribus 25 ann.

n'affectent point ceux qui n'y sont pas intervenus (1).

Cependant nous sommes valablement obligés par des contrats où nous ne sommes pas intervenus, si ces contrats ont été passés en notre nom par des personnes qui en avoient le pouvoir qu'elles avoient reçu de nous, ou qui leur étoit attribué par leur qualité : tels sont les Procureurs & les tuteurs.

Nous ne sommes tenus des obligations contractées en notre nom par nos Procureurs ou tuteurs, qu'en tant qu'ils n'ont point excédé, en les contractant, les bornes de leurs pouvoirs & de leurs devoirs (2).

De l'objet des obligations.

On peut traiter dans une obligation de quelque chose que ce soit, pourvu qu'elle soit dans le commerce des hommes (3), & on peut passer toutes sortes de conventions, excepté seulement celles qui sont

(1) L. 25, ff. de pactis.

(2) L. 3, §. 2, & L. 4, ff. mandati.

(3) L. 1, §. 9, ff. de obligat.

expressément réprouvées par les loix (1)

Il n'est pas permis de promettre dans une obligation le fait d'autrui, parce qu'entre deux personnes indépendantes l'une de l'autre, l'une ne peut pas forcer l'autre à agir contre son gré (2); mais on peut promettre le fait d'autrui dans ce sens, que l'on se fait fort de ce fait d'autrui de sorte que, si l'on s'est trompé dans l'espérance qu'on a eue d'engager la personne, dont on a promis le fait, à l'accomplir, l'on n'est obligé qu'au paiement des dommages & intérêts résultans de l'inexécution du fait promis (3).

De même que l'on ne peut promettre que pour soi, de même l'on ne peut stipuler que pour soi (4). Mais nous pouvons promettre le fait de nos héritiers & stipuler pour eux (5), ainsi que pour les

(1) Voyez la section précédente.

(2) L. 73, §. 4, ff. de reg. jur.

(3) L. 38, §. 1, 2 & 17, & l. 81, ff. de verbor. oblig.

(4) L. 73, §. 4, ff. de regul. jur.

(5) L. 10, ff. de pact. dotal.

autres perſonnes qui auront acquis nos droits dans la ſuite, par quel titre que ce ſoit.

L'obligation de donner une choſe qui appartient à un tiers eſt valable (1). Il en réſulte que celui qui l'a contractée eſt tenu de racheter cette choſe des mains de ce tiers, pour la livrer à celui en faveur duquel il s'eſt obligé.

La promeſſe de donner à quelqu'un une choſe qui lui appartient déjà eſt nulle (2), ainſi que la promeſſe de donner à quelqu'un une choſe qu'il eſt incapable d'avoir & de poſſéder (3).

Dans quel tems on doit ſatisfaire aux obligations.

Pour l'ordinaire le temps auquel l'obligation doit être exécutée, eſt fixé dans le contrat, & alors on doit ſe conformer à cette fixation; mais lorſque les Parties n'ont point fixé de temps pour l'exécution de ce dont elles ſont convenues, cette exécution doit avoir lieu tout de ſuite, & à la

---

(1) L. 38, §. 4, ff. de verbor. oblig.
(2) L. 1, §. 10, ff. de oblig. & act.
(3) L. 34, ff. de verbor. oblig.

premiere requiſition de la Partie intéreſſée (1).

Comment l'obligation doit être déterminée.

Toutes les obligations doivent avoir pour objet de livrer ou de faire quelque choſe (2). Peu importe, pour la validité de l'obligation, que l'objet en ſoit ſpécialement déterminé, ou qu'il ſoit déterminé en général. Il ſuffit qu'il ſoit aſſez clairement déterminé, pour qu'on puiſſe ſavoir à quoi s'en tenir. On ne pourroit, par exemple, s'obliger de donner à quelqu'un une ſomme d'argent, ſans fixer la ſomme : une ſemblable obligation, qui ne préſente aucune intention certaine des Parties, eſt vaine & ſans effet (3).

On peut ne pas déterminer l'objet de l'obligation dans l'acte qui la contient, pourvu qu'on établiſſe de quelle maniere cette détermination ſera faite : comme ſi on laiſſoit la faculté de déterminer l'objet

(1) L. 14, ff. de regul. jur.

(2) Voyez la ſection précédente.

(3) L. 94, ff. de verbor. oblig.

de l'obligation au gré de l'une des Parties ou d'une tierce personne (1).

Des choses à venir.

Rien n'empêche de traiter dans les obligations d'une chose future, excepté d'une succession.

Les Loix Romaines, en interdisant de passer un contrat sur la succession future d'une tierce personne (2), ont eu pour motif d'empêcher que celui, qui par ce contrat devient intéressé à ce que cette succession ne tarde pas à écheoir, ne veuille attenter à la vie de cette personne (3).

Suite de la mauvaise foi qui accompagne l'obligation.

Comme toutes les obligations & conventions doivent avoir été passées de bonne foi, c'est-à-dire, sans fraude & sans surprise, les choses dont il s'y est traité, doivent se trouver telles que celui, auquel elles ont été livrées, a dû les croire ; si celui qui les a livrées en a caché les défauts, il est tenu à tous les dommages & intérêts (4).

---

(1) L. 43 & 44, ff. de verb. oblig.

(2) L. ult. cod. de pactis.

(3) L. eâd.

(4) Voyez l'article de la redhibition.

Soins qu'il faut avoir de la chose due.

On voit par-là, que l'équité & la bonne foi sont inséparables de tous les traités. C'est par une suite de ce principe, que le débiteur, en vertu d'une obligation, doit conserver avec soin la chose qu'il doit à son créancier; & si cette chose périt par sa faute, il doit réparer cette perte & indemniser son créancier du préjudice qu'il en souffre (1).

Des cas fortuits.

Le débiteur n'est pas tenu des cas fortuits qui occasionnent la perte ou la détérioration de la chose (2) dont il est redevable; mais, si son obligation est fondée sur une cause déshonorante, comme si la chose qu'il doit n'est due qu'à cause du vol qu'il en a fait, il est tenu de la perte de cette chose occasionnée même par des cas fortuits (3).

De la force majeure.

Lorsqu'on s'est obligé à faire quelque chose & qu'on en est empêché par une force majeure, on doit avertir celui en-

(1) L. 5, ff. commodati.

(2) L. 107, ff. de solut.

(3) L. ult. cod. de condict. furtiv.

vers lequel on s'eſt obligé, pour qu'il prenne ſes meſures & qu'il leve les obſtacles qui ſe préſentent ; ſans cela, on n'évite point les dommages & intérêts, à moins que cette force majeure n'eût auſſi ôté le pouvoir d'en donner avis (1).

De l'[illegible] nation [illegible] la choſe [illegible].

Si contre la bonne foi qui doit accompagner les obligations, le débiteur d'un fonds certain, ou les héritiers de ce débiteur, après avoir aliéné ce fonds au préjudice de l'obligation, devenoient inſolvables, le créancier ſeroit en droit d'agir contre le tiers acquéreur de ce fonds, pour la reſciſion de cette aliénation. Il faut néanmoins obſerver que, lorſque le tiers acquéreur a acquis la choſe hypothéquée par un titre onéreux, comme ſeroit une vente, le créancier hypothécaire ne peut obtenir contre lui la reſciſion de l'aliénation, qu'en prouvant que ce tiers acquéreur a participé à la mauvaiſe foi du vendeur. Lorſque la choſe hypothéquée a été aliénée par un titre gratuit, comme par

(1) L. 27, §. 2, ff. mandati.

une donation, il n'eſt pas beſoin de prouver que l'acquéreur a participé à la fraude du donateur, pour obtenir que la donation ſoit caſſée (1).

## SECTION IV.

*Regles pour interpréter les obligations douteuſes.*

LORSQUE les obligations ſont obſcures par quelques ambiguités dans les termes de la convention, il faut ſe conformer aux regles ſuivantes pour les interprêter.

1°. Les ambiguités qui ſe trouvent dans un contrat doivent être interprêtées relativement à ce qui s'eſt paſſé entre les Parties avant le contrat, ou bien relativement aux uſages qui s'obſervent dans le pays où le contrat a été paſſé (2).

2°. On doit interprêter ce qui eſt dou-

(1) Toto tit. ff. quæ in fraudem credit. facta ſunt.

(2) L. 34 & L. 114, ff. de regul. jur.

teux dans une obligation en faveur & à la décharge de celui qui s'eſt obligé, & contre celui qui a ſtipulé l'obligation, parce que c'eſt la faute de celui-ci, s'il ne s'eſt pas mieux expliqué (1).

3°. Une clauſe d'un contrat s'interprête par les autres clauſes de ce contrat (2).

4°. Toutes les fois que les conventions paroiſſent préſenter pluſieurs ſens, il faut choiſir celui dans lequel la convention produit quelque effet, préférablement au ſens qui rendroit la convention inutile (3).

5°. On n'interprête les conventions que eu égard à l'objet que les Parties ont eu en les formant, & non eu égard à ce qu'elles n'ont pas eu en vue ou dont elles n'avoient aucune connoiſſance, lorſqu'elles ont contracté (4). Cette regle ſouffre une exception en faveur des tranſactions paſſées ſur

(1) L. 38, §. 18, de verbor. oblig.

(2) Arg. l. 126, ff. eod.

(3) Arg. l. 96, ff. de regul. jur.

(4) L. 9, §. ult. ff. de tranſact. L. 67, ff. de regul. jur.

des droits pris en général, comme ſur des droits héréditaires : la tranſaction eſt valable quand même l'héritier découvriroit poſtérieurement des droits particuliers de l'hérédité qui lui étoient inconnus lors de la tranſaction (1).

6°. Il faut prendre garde, en expliquant les expreſſions douteuſes d'une convention, que la choſe dont il s'agit dans la convention, ſoit miſe en sûreté, & ne ſoit pas expoſée au danger de périr (2) ou d'être détériorée.

7°. Lorſqu'il s'agit d'une obligation contractée relativement à une dot, on doit, autant qu'il eſt poſſible, interprêter les ambiguités de l'obligation en faveur de la dot (3).

8°. Toutes les fois qu'il a été ajouté à une obligation une condition dure ou rigoureuſe, & qu'il y a quelque ambiguité ſur l'étendue de cette condition, on doit

(1) L. 29, cod. de tranſact.

(2) L. 80, ff. de verbor. oblig.

(3) L. 85, ff. de regul. jur.

tâcher

tâcher d'en adoucir la rigueur par l'interprétation (1).

9°. Enfin, pour interpréter les conventions, on doit plutôt examiner qu'elle a été l'intention commune des Parties, que le sens littéral des termes de la convention (2).

*Des obligations principales qui naissent du consentement des Parties.*

## CHAPITRE II.

On peut diviser toutes les obligations en deux sortes; l'une, qui comprend les obligations qui naissent du consentement des Parties & d'une convention expressément stipulée; l'autre, qui renferme les obligations qui résultent de la tradition d'une chose.

Nous suivrons cette division adoptée dans les Instituts de Justinien, en parcou-

(1) L. 56, ff. de regul. jur.
(2) L. 219, ff. de verbor. signif.

rant les regles concernant les obligations. Mais d'abord, nous placerons dans ce Chapitre les diverſes eſpeces d'obligations principales qui naiſſent du conſentement des Parties, ou des contrats conſenſuels. Le Chapitre ſuivant renfermera les obligations acceſſoires qui procédent également d'un conſentement expreſſément donné & accepté. Nous verrons enſuite quelles obligations s'enſuivent de la tradition d'une choſe.

Après cela, il ne nous reſtera qu'à conſidérer en particulier les principales eſpeces de contrats & les preſque-contrats. Nous aurons ainſi rempli le premier objet du plan de cette troiſieme partie, qui eſt de tracer les moyens dont s'établiſſent toutes les obligations. Notre ſecond objet ſera d'expliquer de quelle maniere toutes les ſortes d'obligations s'éteignent.

## SECTION I.

*Des obligations qui s'accompliſſent par le conſentement des Parties ou des contrats conſenſuels.*

Les obligations qui s'accompliſſent par le conſentement des Parties, ſont celles que les Parties contractent par un conſentement exprès, & avec une pleine connoiſſance de ce à quoi elles s'obligent (1).

Les contrats de vente, d'échange, de louage, de ſociété & de tranſaction, ne renferment que des obligations qui naiſſent du conſentement exprès des Parties, parce qu'elles ont pleine connoiſſance dans ces contrats de tout ce qu'elles y promettent.

Quoique dans l'obligation d'une choſe indéterminée ou priſe en général, les Parties ne ſachent pas au juſte la valeur de ce à quoi elles s'obligent, leur conſentement n'en eſt pas moins valide, parce qu'elles connoiſſent, du moins à peu-près, l'objet de leur obligation, & cela ſuffit.

(1) L. 2, ff. de obligationibus.

Parmi les obligations, on distingue celles qui sont principales d'avec celles qui sont accessoires.

Des obligations principales & accessoires.

Les obligations principales sont celles qui ne dépendent d'aucune autre obligation, & qui regardent en propre ceux entre lesquels elles ont été passées. Les obligations accessoires sont celles qui n'ont pour objet que d'assurer une obligation principale : telle est l'obligation d'un fidéjusseur.

Ce ne sera qu'après avoir détaillé les regles qui sont propres aux obligations principales, & qui s'appliquent aussi aux obligations accessoires, que nous expliquerons celles qui sont particulieres aux obligations accessoires. Il est également naturel avant de s'occuper des différens contrats qui renferment des obligations principales, de s'arrêter aux différentes modifications qui peuvent varier ces obligations.

Ordinairement les obligations sont pures & simples; quelquefois elles sont conditionnelles, ou alternatives, ou solidaires, ou dividuelles; presque toujours le temps & le lieu, pour l'accomplissement de l'obligation, ſont fixés par la convention.

Ces différentes modifications diminuent ou ajoutent beaucoup à l'étendue d'une obligation, rendent la condition de l'obligé ou pire ou meilleure, donnent plus de ſûretés à celui pour lequel l'obligation a été contractée, ou rendent l'effet de l'obligation plus incertain. Il eſt donc eſſentiel de ne pas les omettre & de parler de chacune en particulier.

## SECTION II.

### *Des obligations conditionnelles.*

L'OBLIGATION eſt conditionnelle, lorſquelle doit avoir lieu, ou ne pas avoir lieu, ſuivant l'événement de quelque fait qui en eſt la condition. Cette condition eſt appellée *réſolutoire*, lorſqu'il a été convenu que l'événement de cette condition doit réſoudre l'obligation.

Il eſt permis de contracter ſous pluſieurs conditions à la fois, & l'obligation dépend de l'événement de toutes les conditions qui ont été ſtipulées.

Il eſt auſſi permis de contracter ſous

plusieurs conditions alternativement, & alors il suffit qu'une des conditions soit remplie, pour que l'obligation ait lieu (1).

Toutes sortes de conditions peuvent être ajoutées aux obligations, pourvu qu'elles ne soient ni impossibles (2), ni contraires aux loix ou aux bonnes mœurs.

Effets des conditions.

Lorsqu'il s'agit d'une obligation *in faciendo*, la condition d'une chose impossible ou illicite rend l'obligation nulle; mais lorsqu'il s'agit d'une obligation *in non faciendo*, pareille condition est nulle, mais n'annulle pas l'obligation (3).

L'effet que produit la condition est de suspendre l'obligation à laquelle elle est apposée, jusqu'à ce que la condition soit accomplie. Cela est si vrai que, si l'on faisoit par erreur le paiement de l'obligation avant l'accomplissement de la condition, ce paiement seroit sujet à la répétition *condictione indebiti* (4).

(1) L. 129, ff. de verbor. oblig.

(2) L. 31, ff. de oblig. & act.

(3) L. 7, ff. de verbor. oblig.

(4) L. 16, ff. de condict. indeb.

Quoique l'obligation soit suspendue jusqu'à l'événement de ce qui en est la condition, cependant le droit qui est acquis au créancier en vertu de l'obligation, lui est acquis depuis le jour du contrat, & ne commence pas lors de l'accomplissement de la condition (1).

Les conditions qui sont susceptibles d'être accomplies par parties, ne sont point censées accomplies jusqu'à ce qu'elles l'aient été en entier (2).

Comment la condition doit être accomplie.

Les conditions insérées dans les actes où on a contracté tant pour soi que pour ses héritiers, peuvent s'accomplir utilement après la mort de celui envers lequel l'obligation est contractée, aussi bien que de son vivant (3).

## SECTION III.

### *Des obligations alternatives.*

LES obligations alternatives sont celles

(1) L. 18, ff. de regul. jur.

(2) L. 23 & 56, ff. de condit. & demonst.

(3) §. 5, instit. de verbor. oblig.

qui ont pour objet deux ou plusieurs choses promises sous une disjonctive, de façon que le paiement d'une de ces choses suffit pour libérer le débiteur (1) : par exemple, la promesse de payer six charges de bled ou une somme de 500 livres est une obligation alternative.

Du droit d'option.

Le droit d'option pour le paiement des choses alternativement dues appartient au débiteur ou au créancier, suivant ce qui est porté par la convention ; mais si la convention ne regle pas lequel des deux fera le choix, c'est au débiteur qu'il appartient le faire (2).

Quoique le débiteur puisse payer celle qu'il voudra des choses alternativement dues, il n'a pas le droit de payer partie de l'une & partie de l'autre (3).

S'il s'agit de quelque rente ou pension annuelle de plusieurs choses dues sous une alternative, le droit de choix dont peu

(1) L. 75, §. 8, ff. de verbor. oblig.

(2) L. 25, ff. de contrahend. empt.

(3) L. 8, §. 2, ff. de legat. 1°.

uſer le débiteur ſe renouvelle toutes les années ; (1) par conſéquent il peut payer tantôt l'une des choſes dues, tantôt l'autre.

Comment l'obligation alternative devient déterminée.

Lorſque l'une des choſes promiſes par l'obligation alternative n'étoit pas ſuſceptible d'être obligée ſoit par ſa nature, comme les choſes ſacrées & autres qui ſont hors du commerce, ſoit par les circonſtances, comme ſi elle appartenoit déjà au créancier, l'obligation ſera déterminée à l'autre de ces deux choſes qui étoit ſuſceptible d'obligation (2).

Si l'une des choſes alternativement dues vient à périr, la choſe qui reſte eſt due déterminément, & le débiteur n'eſt pas admiſſible à payer le prix de la choſe qui a péri à la place de celle qui reſte (3).

## SECTION IV.

*Des obligations diviſibles & des indiviſibles.*

LES obligations ſont diviſibles, lorſque

(1) L. 21, §. 6, ff. de act. empt.
(2) L. 72, §. 4, ff. de ſolut.
(3) L. 95, §. 1, ff. eod.

leur objet eſt composé de parties qui peuvent ſe diviſer & être acquittées ſéparément (1). Elles ſont indiviſibles, lorſque leur paiement ne ſouffre point de diviſion, & qu'elles ne peuvent être acquittées que pour le total.

Comment la diviſibilité de l'obligation peut-elle avoir ſon effet.

Il ne ſuffit pas que l'obligation ſoit diviſible en elle-même, pour qu'on ſoit en droit d'en faire le paiement par parties ſéparées. On n'a cette faculté, que lorſqu'elle eſt donnée expreſſément ou tacitement par la convention, & lorſque, le créancier ou le débiteur étant morts, ils ſont repréſentés par pluſieurs perſonnes.

Si le créancier en mourant laiſſe pluſieurs héritiers, le débiteur eſt obligé de s'acquitter envers eux de la portion dont ils ont chacun droit; de ſorte que l'obligation ſe diviſe à leur profit; ils n'ont action contre le débiteur que pour leur part; & le débiteur ſe libere valablement envers chacun d'eux, en s'acquittant de ſon obligation par parties ſéparées.

---

(1) L. 2, §. 1, ff. de verbor. oblig.

Si le débiteur meurt en laiſſant pluſieurs héritiers, l'obligation eſt diviſée entre eux; chacun d'eux eſt obligé d'en payer une portion; chacun d'eux peut obliger le créancier à recevoir la portion qu'il doit.

Lorſqu'il s'agit de la dette de pluſieurs corps certains, ou de pluſieurs corps indéterminés, qui a été diviſée entre pluſieurs héritiers du créancier, il faut obſerver deux regles différentes relativement à la maniere dont ces deux différentes dettes ſe diviſent. Par la diviſibilité de la dette de pluſieurs corps certains, il eſt dû à chacun des héritiers du créancier une portion de chacun de ces corps certains. Au contraire, par la diviſibilité de la dette de pluſieurs corps indéterminés, il eſt dû entiérement un de ces corps indéterminés à chacun des héritiers du créancier. Un exemple fera encore mieux comprendre ces deux regles.

La dette eſt certaine & déterminée, ſi elle conſiſte en un tel arpent de terre & un tel autre arpent de terre; & alors, s'il y a deux héritiers du créancier, chacun doit avoir une portion de chacun de ces arpens de terre. La dette est indéterminée, si elle a pour objet deux arpens de terre indéterminément; & alors le débiteur doit donner à chacun des héritiers du créancier un arpent de terre, & non pas la moitié de chaque arpent (1).

Des obligations indivisibles.

Les obligations qui sont indivisibles, c'est-à-dire, qui ne peuvent se payer que pour le total, ne sont telles que parce que la nature de l'objet de l'obligation n'a aucunes parties qui puissent être séparées les unes des autres; ainsi l'obligation qui a pour objet un droit de servitude est indivisible (2), parce qu'un droit de servitude n'est pas susceptible de division.

Il y a néanmoins des obligations indivisibles qui ne le sont point par la nature de l'objet qui doit être payé, mais qui le sont à cause des inconvéniens qu'il y auroit à les diviser; ainsi une obligation indéter-

---

(1) L. 54, ff. de verb. oblig. & L. 29, ff. de solut.
(2) L. 72, ff. de verbor. oblig.

minée est indivisible, parce que le créancier souffriroit un préjudice si elle étoit divisée : par exemple, si l'obligation de donner un arpent de terre indéterminément pouvoit être payée par parties, il pourroit arriver qu'on donnât demi-arpent d'une terre & demi-arpent d'une autre, ce qui seroit contre l'intérêt du créancier, qui a droit d'exiger un seul arpent contigu, & non pas deux demi-arpens (1).

Actions des créanciers pour une dette indivisible.

Chacun des co-héritiers d'une personne qui est créanciere en vertu d'une obligation indivisible, peut demander l'exécution totale de l'obligation : tel est le cas où il s'agit d'un droit de servitude établi en faveur d'une hérédité, comme seroit un droit de passage : chacun des co-héritiers peut en faire la demande lui seul (2).

Comme chaque co-héritier du débiteur est tenu d'acquitter en total une obligation

---

(1) L. 2, §. 2, & L. 85, §. 4, ff. de verbor. oblig.

(2) D. L. 2, §. 2.

indivisible, parce qu'il ne lui est pas possible de l'acquitter par parties, le créancier peut s'adresser à un seul de ces co-héritiers & l'obliger à l'acquittement, si c'est une obligation que ce co-héritier puisse acquitter seul & séparément des autres; mais ce co-héritier, auquel le créancier se sera adressé, pourra demander un délai pour mettre en cause les autres co-héritiers; & au moyen de ce, la condamnation leur sera commune pour l'exécution de l'obligation & pour les dommages & intérêts qui pourront résulter de l'inexécution de l'obligation, chacun pour leur part héréditaire (1).

Dans tous les cas auxquels un seul des co-héritiers du débiteur a acquitté toute l'obligation, ou s'est laissé condamner, sans appeller en cause ses co-héritiers qui en étoient tenus comme lui, il lui reste une action contre les autres pour se faire indemniser de ce qu'il a payé au-delà de

(1) L. 11, §. 23, ff. de legat. 3°.

ce qu'il devoit relativement à la part qu'il avoit dans l'hérédité (1).

---

## SECTION V.

### *Des obligations solidaires.*

Comment les obligations sont solidaires.

LES obligations sont solidaires ou entre plusieurs créanciers, ou entre plusieurs débiteurs d'une même chose.

La solidité d'une obligation entre créanciers consiste en ce que chacun d'eux est créancier pour le total d'une même chose, & néanmoins le paiement fait à l'un d'eux libere le débiteur envers tous : par exemple, un legs de la somme de cent livres ordonné en faveur de Caïus ou de Titius emporte une obligation solidaire envers ces deux personnes, contre celui qui est chargé du legs ; mais il lui suffit de payer cent livres à l'une de ces personnes pour être libéré envers toutes les deux (2).

---

(1) L. 25, §. 10, ff. famil. ercisc.

(2) L. 16, ff. de legat. 2°.

La solidité de l'obligation entre plusieurs débiteurs consiste en ce que chacun d'eux est obligé pour le total, de sorte néanmoins que le paiement fait par l'un d'eux libere tous les autres.

Il suffit, pour que l'obligation soit solidaire entre plusieurs débiteurs, qu'ils doivent chacun totalement une même chose (1). Peu importe que l'un des débiteurs soit obligé purement & simplement, & que l'autre soit obligé sous des conditions, ou pour ne payer que dans un certain temps; ces différences n'empêchent pas que l'obligation soit solidaire.

On peut s'obliger solidairement dans quel contrat que ce soit; mais on doit convenir expressément de la solidité (2), car elle ne se présume jamais.

Du bénéfice de division.

Suivant le droit ancien, lorsque plusieurs personnes s'étoient obligées solidairement pour une même dette, chacune d'elles étoit tenue au total de l'obligation; le créancier n'étoit pas obligé de diviser son

(1) L. 7, & l. 9, §. 2, ff. de duobus reis.

(2) L. 9 & L. 11, §. 2, ff. eod. novell. 99.

ſon action entre les co-débiteurs. La novelle 99, cap. 1, a changé cette diſpoſition du droit. Elle a établi que l'action qu'a le créancier contre ſes co-débiteurs ſolidaires, ſeroit diviſée, c'eſt-à-dire, que le créancier ſeroit obligé de demander à chacun des co-débiteurs une portion, ſuivant le nombre qu'ils ſont; mais cette novelle n'a accordé ce bénéfice de diviſion qu'entre les co-débiteurs qui ſont ſolvables lorſque le créancier exerce ſon action, la portion de ceux qui ſe trouvent inſolvables devant être payée par ceux qui ſe trouvent ſolvables.

Lorſque l'obligation eſt ſolidaire du côté des créanciers, c'eſt au débiteur qu'appartient le choix de payer à qui bon lui ſemble des créanciers ſolidaires; mais ſi l'un des créanciers a agi contre lui, il eſt obligé de payer celui-là, & le paiement qu'il feroit à l'autre ne ſeroit pas valable (1). *Du paiement qui doit ſe faire aux créanciers ſolidaires.*

Lorſque de deux débiteurs ſolidaires, l'un eſt *De la compenſation.*

(1) L. 16, ff. de duobus reis.

créancier du créancier, celui-là peut opposer la compensation si on agit contre lui; mais, si le créancier agit contre l'autre débiteur, celui-ci ne pourra pas opposer en compensation ce qui est dû à son co-débiteur (1).

Du recours qu'a celui qui paie le total de la dette solidaire.

Celui des co-débiteurs solidaires qui paye en entier la dette dont il ne devroit payer qu'une partie, a le droit d'agir contre les autres co-débiteurs, pour être remboursé de ce qu'il a payé pour eux (2). Mais, si dans le contrat passé entre le créancier & les co-débiteurs solidaires on a inséré des clauses particulieres en faveur du créancier, pour l'assurance du paiement de l'obligation, comme seroit une promesse d'hypotheque, le co-débiteur qui paie seul la dette en entier, ne peut pas se prévaloir de ces sortes de clauses contre les co-débiteurs, lorsqu'il agit contre eux en répétition de leur portion qu'il a payée, à moins que, lorsqu'il a fait le paiement, il n'ait

(1) L. 10, ff. de duobus reis.

(2) L. 2, cod. eod.

exigé du créancier la ſubrogation ou ceſſion de ſes actions, pour les faire valoir contre ſes débiteurs : ſur quoi il faut remarquer que la ſubrogation ou ceſſion d'actions que le créancier fait au co-débiteur qui paie le total de la dette, doit être faite en même temps que le paiement : elle ne pourroit pas être faite poſtérieurement : la raiſon en eſt, qu'une fois que la dette eſt acquittée, le créancier n'a plus d'action, tous ſes droits ſont anéantis ; par conſéquent il ne lui eſt pas poſſible d'en faire la ceſſion (1).

Le créancier peut renoncer expreſſément ou tacitement à la ſolidité de ſes co-débiteurs. Lorſqu'il a admis un de ſes co-débiteurs ſolidaires à payer une portion de la dette, & lorſque, dans l'acquit qu'il lui en a donné, il a exprimé avoir reçu une telle ſomme pour la part de ce co-débiteur, il eſt cenſé avoir renoncé à la

(1) L. 76, ff. de ſolut.

solidité (1) à moins qu'il ne se la soit réservée.

Lorsqu'il s'agit d'un legs dont deux héritiers sont solidairement chargés, le légataire n'est pas censé renoncer à la solidité en demandant ou en recevant d'un des héritiers sa portion du legs : rien n'empêche qu'il exige du même héritier ce qui reste dû (2).

De la prescription.

L'interpellation faite à un des co-débiteurs de payer la dette, interrompt la prescription, non-seulement à l'égard de ce co-débiteur, mais aussi à l'égard de tous les autres (3).

Des dommages arrivés à la chose due.

Les co-débiteurs solidaires sont tenus tous ensemble du fait de l'un d'eux qui endommage la chose due, ou en cause la perte (4) ; mais ils ne sont pas tenus ensemble des dommages ni des intérêts auxquels l'un d'eux donne lieu par sa de-

(1) L. 18, cod. de pactis.

(2) L. 8, §. 1, ff. de legat. 1°.

(3) L. ult. cod. de duobus reis.

(4) L. penult., ff. eod. tit.

meure (1), à moins qu'on ne puiſſe induire par les clauſes ſtipulées dans le contrat d'obligation que les co-débiteurs ont voulu ſe ſoumettre au paiement des dommages & intérêts qui s'enſuivroient de la demeure de l'un d'eux.

## CHAPITRE III.

### *Des obligations acceſſoires.*

TOUTES les modifications précédentes des obligations s'appliquent aux obligations principales qui s'accompliſſent par le conſentement des Parties. Elles s'appliquent également aux obligations acceſſoires.

On appelle *acceſſoires* toutes les obligations qui ſont dépendantes d'un engagement principal, & qui tendent à en aſſurer lexécution : telles ſont les obligations pénales, les obligations des fidéjuſſeurs, & quelques autres dont les regles ſont ci-après détaillées.

(1) L. 32, §. penult. ff. uſuris.

## SECTION I.

### *Des obligations pénales.*

L'OBLIGATION pénale eſt celle par laquelle on s'impoſe une peine dans le cas de l'inexécution d'une obligation principale.

Des nullités des obligations pénales. Les mêmes vices qui annullent les autres conventions, annullent auſſi les obligations pénales; mais leur nullité n'importe point à la validité de l'obligation primitive, par la raiſon que la nullité de l'acceſſoire n'entraîne point celle du principal. Au contraire, la nullité de l'obligation principale entraîne la nullité de l'obligation pénale qui en eſt l'acceſſoire, par la regle, *cùm cauſa principalis non conſiſtit, nec ea quæ ſequuntur eam conſiſtere poſſunt* (1).

Des effets de l'obligation pénale. Dans les cas auxquels il y a lieu à l'obligation pénale, par l'inexécution de l'engagement principal, le créancier peut à

(1) L. 129 & 178, ff. de regul. jur.

ſon choix exiger la peine convenue, ou pourſuivre l'exécution du premier engagement (1), parce que la ſtipulation de la peine ne contient pas une renonciation à l'accompliſſement du principal engagement, mais elle eſt un ſurcroît de droit attribué au créancier, & dont le créancier peut uſer ou ne pas uſer à ſon gré.

Pour que la contravention à l'obligation principale, donne lieu à la peine dont on eſt convenu, il faut que cette contravention ſoit préciſément celle que les Parties ont eu en vue, en ſtipulant la peine: par exemple, ſi on vendoit un eſclave à condition que l'acheteur ne l'affranchiroit point, & ſous une certaine peine au cas qu'il l'affranchît, un acte d'affranchiſſement paſſé par l'acheteur malgré ſa promeſſe, ne donneroit pas lieu à l'ouverture de la peine, ſi l'acte ſe trouvoit nul, car le vendeur a eu ſeulement en vue que l'eſclave ne fût point affranchi: la peine

(1) L. 122, §. 3, ff. de verb. oblig. L. 28, ff. de act. empt.

n'est dûe qu'en tant que l'acte d'affranchissement produit son effet (1).

Des transactions.

Lorsqu'on est convenu, sous une certaine peine, de ne pas revenir contre une transaction, celui qui contrevient à cette convention en demandant que la transaction soit déclarée nulle, est tenu à la peine convenue, quand même il n'obtiendroit pas ce qu'il a demandé, parce que l'intention des Parties qui ont établi une peine dans la transaction, étoit d'éviter des procès (2).

Comment l'obligation pénale peut avoir lieu.

L'obligation pénale n'a jamais lieu, si le débiteur a été empêché de satisfaire à l'obligation primitive par le fait du créancier; car l'on ne convient d'une peine dans les obligations, que pour tenir lieu des dommages qui peuvent être dûs, & l'on sait que le débiteur n'est tenu à aucun dommage, quand ils n'ont pas été occasionnés par sa faute (3).

(1) L. 6, ff. de serv. export.

(2) L. 122, §. 6, ff. de verb. oblig.

(3) L. eâd. §. 3.

Si la peine n'a été établie qu'en cas que l'obligation principale ne ſoit pas accomplie dans un certain temps, le débiteur encourt la peine auſſi-tôt que le terme eſt arrivé, quoiqu'on ne lui ait point fait d'interpellation, & il ne peut éluder cette peine, en offrant de ſatisfaire à l'obligation principale après l'expiration du terme (1).

Cela eſt ſi vrai, que quand même le débiteur ſeroit mort avant l'expiration du temps fixé, ne laiſſant aucun héritier, & par conſéquent ne laiſſant perſonne qui pût être mis en demeure à ſa place, la peine ſeroit également due par ſon hérédité vacante (2).

Lorſque l'obligation primitive conſiſte à faire quelque ouvrage dans un terme fixé, & que la perfection de cet ouvrage exige un certain temps, le débiteur eſt tenu de l'obligation pénale d'abord qu'il eſt évident que l'ouvrage, ayant été négligé,

(1) L. 23, ff. de oblig. & act.
(2) L. 77, ff. de verbor. oblig.

ne peut plus être fini dans le peu de temps qui reste pour arriver au terme convenu (1).

Si les conventions des Parties n'ont fixé aucun terme pour l'ouverture de la peine, il n'y a lieu à cette peine que par le refus du débiteur de remplir son obligation, sur l'interpellation juridique du créancier, ou par la litis-contestation entre le débiteur & le créancier sur l'obligation principale (2).

Divisibilité de l'obligation pénale.

L'obligation pénale est divisible de même que l'obligation principale. La divisibilité de celle-là est une suite de la divisibilité de celle-ci; par conséquent celui qui encourt la peine en est tenu seulement pour une part proportionnée à celle dont il est tenu de l'obligation principale (3).

S'il s'agit d'une obligation indivisible, la peine attachée à cette obligation est due en entier par tous les héritiers du débi-

(1) L. 113, ff. de verbor. oblig.

(2) L. 122, §. 2, ff. eod.

(3) L. 4, ff. eod.

teur, sauf leur recours contre celui qui a donné lieu à l'ouverture de la peine par son propre fait (1).

Comme on ne peut s'acquitter par partie des obligations indivisibles, si ce n'est du consentement du créancier, les peines ajoutées à ces obligations ne peuvent être éludées par parties, à moins que le créancier n'ait consenti à l'acquittement par parties de l'obligation principale (2).

Effets de l'obligation pénale divisée.

Dans le cas auquel l'obligation principale est divisée entre plusieurs héritiers du créancier, la contravention à l'obligation envers l'un d'eux ne donne pas lieu à toute la peine stipulée pour cette contravention, mais seulement à une portion de cette peine : par exemple, si je me suis obligé envers quelqu'un de le laisser passer dans mes fonds, lui & ses héritiers, sous une certaine peine en cas de contravention, & si celui-là ayant laissé plusieurs héri-

(1) L. 2, §. 5, l. 4, §. 1, l. 85, §. 3, ff. de verbor. oblig.

(2) L. 9, §. 1, ff. si quis caut. in judic.

tiers, j'empêche seulement l'un d'eux de passer dans mes fonds, je ne suis tenu de la peine stipulée qu'envers cet héritier, & pour une part de la peine relative à la part qu'il a dans l'héritage du défunt (1).

De quelle nature que soit l'obligation principale à laquelle on a apposé une clause pénale, de quelle nature que soit l'obligation pénale elle-même, il ne faut juger de l'étendue de la peine & de la maniere dont on peut l'encourir, que par les termes de l'obligation qui a été passée, & par l'intention qu'ont eue les Parties contractantes.

## SECTION II.

### *Des obligations des fidéjusseurs.*

Les obligations des fidéjusseurs sont accessoires aux obligations principales. Leur objet est d'assurer le paiement de la dette dont il s'agit, & de suppléer au débiteur

(1) L. 2, §. ult. ff. de verbor. oblig.

en cas qu'il ne se trouve pas en état d'y satisfaire.

Quand est-ce que le cautionnement peut avoir lieu.

Toute espece d'obligation valable peut être assurée par un cautionnement (1).

C'est une regle de droit que l'accessoire suit le principal (2); d'où il suit que les cautionnemens sont nuls, s'ils ont été prêtés pour des obligations nulles : par exemple, on ne peut cautionner pour une femme dont l'obligation est annullée par le Sénatus-Consulte Velleïen (3).

Il est permis d'être le fidéjusseur d'un fidéjusseur (4), & de se joindre plusieurs fidéjusseurs ensemble, pour donner plus de sûreté à une créance.

Le consentement du débiteur pour lequel on cautionne, n'est pas nécessaire pour la validité du cautionnement (5).

---

(1) L. 16, §. 3, ff. de fidejuss. & mandatorib.

(2) L. 178, ff. de regul. jur.

(3) L. 16, §. 1, ff. ad Senat. Vell. l. 14, cod. eod. tit.

(4) L. 8, §. 12, ff. de fidejuss.

(5) L. 30, ff. eod.

Les cautionnemens sont nuls, lorsqu'ils obligent la caution au delà de ce à quoi le débiteur principal est obligé (1); * mais ils ne sont pas nuls, lorsqu'ils n'obligent la caution que pour une partie de l'obligation principale; ainsi l'on peut, à la suite d'une obligation qui a pour objet la dette d'un bien-fonds, ne cautionner que pour l'usufruit de ce bien-fonds (2).

Qui sont ceux qui peuvent cautionner.

Tous ceux qui sont capables d'engagemens peuvent être cautions; ainsi les pupilles, les mineurs, les interdits, ne peuvent cautionner.

Les cautions doivent être solvables.

Lorsqu'on est forcé de donner caution par l'autorité d'une Sentence, ou bien lorsqu'on doit donner caution ensuite d'une promesse qu'on en a faite dans une convention, il faut que la caution qu'on pré-

(1) L. 8, §. 7, ff. de fidejuss.

* Ces cautionnemens ne sont nuls que pour ce qu'ils portent au-delà de l'obligation du débiteur principal, suivant la glose sur la loi citée.

(2) L. 70, §. 3, ff. eod.

ſente ſoit ſolvable & domiciliée dans le lieu où réſide celui qui la reçoit, ou du moins à portée de ce lieu (1).

Comment il faut interpréter les cautionnemens.

Comme les obligations doivent être expreſſes, il ne faut pas les interpréter au-delà des bornes que les Parties y ont miſes; de ſorte que, ſi une caution n'a voulu être reſponſable que pour l'obligation d'une ſomme principale, elle n'eſt point tenue des intérêts de cette ſomme (2).

Lorſqu'une caution s'eſt obligée indéfiniment pour l'aſſurance d'une dette, elle eſt tenue de tous les acceſſoires de cette dette, & de tous les engagemens que le débiteur a contractés (3).

Quoique celui qui a cautionné indéfiniment ſoit tenu de tout ce à quoi le débiteur eſt tenu, il n'eſt pas néanmoins obligé de ſatisfaire aux peines que le débiteur encourt envers le créancier par des

---

(1) L. 2, ff. qui ſatiſd.

(2) L. 68, §. 1, ff. de fidejuſſ.

(3) L. 2, §. 12, ff. de admin. rer. ad civitat. L. 54, ff. locati.

faits indépendans de l'obligation primitive; ainsi, par exemple, la caution d'un Administrateur des revenus publics, n'est tenue qu'à la restitution des deniers qui ont été confiés à cet Administrateur, & non aux amendes que cet Administrateur a encourues par sa malversation (1).

La caution n'est pas tenue non plus aux peines auxquelles le débiteur a été condamné pour avoir tombé en contumace, ni aux frais de cette contumace, parce que la contumace est un fait nouveau du débiteur qui n'a rien de commun avec son obligation principale à laquelle seule le cautionnement est relatif (2).

Etendue des obligations des fidéjusseurs.

Les fidéjusseurs ou cautions ne doivent pas être plus étroitement liés que les principaux débiteurs (3); de sorte que, lorsque le principal obligé n'est tenu de la dette que sous une certaine condition, ou dans un certain terme, le fidéjusseur profite de

(1) L. 68, in princ. ff. de fidejuss.

(2) L. 73, ff. eod.

(3) L. 8, §. 7, ff. eod.

ces

ces mêmes avantages, & cette condition & ce terme sont sous-entendus dans l'acte de cautionnement, quoiqu'ils n'y soient pas exprimés (1). De là il suit que le fidéjusseur ne peut promettre valablement de payer tout de suite une somme que le principal obligé ne doit payer que dans un certain terme, ni promettre de la payer dans un terme plus court (2). Il suit aussi delà que le fidéjusseur ne peut se soumettre à une condition différente de celle à laquelle le principal obligé s'est soumis, à moins que cette condition ne fût favorable au fidéjusseur; car la condition seroit nulle, si elle lui étoit plus onéreuse qu'au principal obligé (3).

Par le même motif, le fidéjusseur ne peut promettre de faire le paiement de l'obligation dans un lieu plus éloigné que n'est celui ou le débiteur principal doit payer (4).

---

(1) L. 61, ff. de fidejuss.

(2) L. 16, §. 5, ff. eod.

(3) L. 70, in princ. & §. 1, ff. eod.

(4) L. 16, §. 1 & 2, ff. eod.

Il ſuit encore de ce que le fidéjuſſeur ne peut pas être obligé à plus que le débiteur principal, que ſi le débiteur a des exceptions à oppoſer contre ſon obligation, le fidéjuſſeur peut ſe ſervir des mêmes exceptions (1), pourvu que ce ſoient des exceptions relatives à la validité de l'obligation, ou relatives à l'objet de l'obligation; car les exceptions qui ſont perſonnelles au débiteur, ne peuvent ſervir de rien au fidéjuſſeur : ainſi le fidéjuſſeur ne profite pas du bénéfice qui eſt attribué au débiteur principal, lorſque celui-ci vient à faire ceſſion de biens, parce que l'inſolvabilité du débiteur ne peut pas être oppoſée par le fidéjuſſeur (2) : de même le fidéjuſſeur d'un mineur ne peut pas être relevé de l'obligation, lorſque le mineur en eſt relevé (3); mais ſi le mineur peut faire annuller ſon obligation par d'autres

(1) L. 19, ff. de exceptionibus.

(2) L. 7, ff. eod.

(3) L. 13, ff. de minoribus; L. 1, cod. de fidejuſſ.

motifs que ceux qui sont fondés sur sa minorité, le fidéjusseur peut se servir de ces motifs (1).

Des nouvelles obligations du débiteur principal.

Après que l'obligation principale & l'obligation du fidéjusseur ont été passées, si le débiteur consent par une nouvelle convention de payer la dette au créancier, avant le terme porté par la premiere convention, cette obligation n'affecte point le fidéjusseur qui n'y est pas intervenu (2).

De la décharge personnelle de fidéjusseur.

Lorsque le créancier a déchargé personnellement un fidéjusseur de son obligation, il ne s'ensuit pas de-là que le débiteur principal soit libéré, ni même que l'obligation des co-fidéjusseurs doive cesser (3).

De la discussion du débiteur principal.

La Novelle IV, cap. 1, a établi que si le créancier agit pour sa créance contre le fidéjusseur, avant que d'agir contre le débiteur principal, le fidéjusseur peut l'en empêcher jusqu'à ce qu'il ait discuté les biens du débiteur principal. On a dérogé

(1) L. 89, ff. de acquirend. hæred.

(2) L. ult ff. de pactis, invitâ l. 27, ff. eod.

(3) L. 15, §. 1, ff. de fidejuss.

par-là aux anciennes loix, qui permettoient au créancier d'exercer son action contre le fidéjusseur avant la discussion du principal obligé (1).

Des actions des fidéjusseurs contre le débiteur principal.

Il y a des cas auxquels le fidéjusseur peut agir contre le débiteur principal, même avant qu'il ait acquitté l'obligation. 1°. Cela arrive lorsque le fidéjusseur a été condamné à payer la dette pour laquelle il a cautionné : il a dès ce moment action contre le débiteur principal, pour l'obliger à payer lui-même la dette (2). 2°. Le fidéjusseur peut faire saisir & séquestrer les biens du débiteur principal, lorsque celui-ci a dérangé ses affaires, & qu'il y a lieu de craindre qu'il ne devienne insolvable (3). 3°. Le fidéjusseur qui ne s'est obligé que sous la promesse que le débiteur lui a faite de lui rapporter une décharge de son cautionnement dans un certain temps, peut, lorsque ce temps est venu, forcer le dé-

(1) L. 5, cod. de fidejuss.

(2) L. 10, cod. mandati.

(3) L. eâd.

biteur de lui rapporter cette décharge, ou de lui remettre la somme nécessaire pour payer la dette (1). 4°. Le débiteur principal qui néglige pendant un temps considérable de payer la dette après son échéance, peut être poursuivi par son fidéjusseur pour qu'il paye la dette, ou pour qu'il lui procure sa décharge (2).

Lorsque le fidéjusseur a payé, il est en droit de demander son remboursement au débiteur principal, pourvu qu'il ait payé d'une maniere capable d'opérer la libération du débiteur envers le créancier, pourvu aussi qu'il n'ait pas négligé d'opposer au créancier les exceptions que le débiteur pouvoit opposer (3), ou du moins pourvu qu'il n'ait pas négligé d'appeller en cause le débiteur principal, afin qu'il vînt opposer ses exceptions (4).

Si le fidéjusseur ayant payé le créancier

(1) L. 10, cod. mandati.

(2) L. 38, ff. mandati.

(3) Arg. l. 29, ff. eod.

(4) L. 48, & l. 10, §. 12, ff. eod.

ſans en avertir le débiteur principal, il s'en eſt enſuivi que le débiteur a payé une ſeconde fois, le débiteur n'eſt pas obligé de rembourſer au fidéjuſſeur ce que celui-ci a payé; il doit ſeulement céder au fidéjuſſeur ſon action contre le créancier pour demander, *condictione indebiti*, la reſtitution de la choſe qui lui a été payée deux fois (1).

Le fidéjuſſeur qui a payé au créancier la dette avant ſon échéance, ne peut avoir ſon recours contre le débiteur principal, qu'après que la dette eſt échue (2).

Actions du fidéjuſſeur contre le créancier.

Les loix accordent au fidéjuſſeur ou caution le privilege d'obliger le créancier qu'il paie, de lui céder tous ſes droits & toutes ſes actions, non-ſeulement contre le débiteur principal, mais encore contre tous ceux qui ont contracté quelque obligation dépendante de l'obligation principale (3).

---

(1) L. 29, §. 3, ff. mandati.
(2) L. 22. §. 1, & l. 51, ff. eod.
(3) L. 17, ff. de fidejuſſ. L. 21, cod. eod.

Actions d'un co-fidéjusseur contre les autres co-fidéjusseurs.

Conformément au Droit Romain, un co-fidéjusseur qui a payé toute la dette, n'a de son chef aucune action contre les autres co-fidéjusseurs pour obtenir de chacun d'eux le remboursement de leurs portions de la dette; il ne peut agir à cet effet contre eux, qu'en tant qu'il a été subrogé aux droits du créancier (1). La jurisprudence françoise n'admet point cette maxime du Droit Romain, & permet au co-fidéjusseur d'agir contre les autres, soit qu'il ait été subrogé aux droits du créancier, soit qu'il n'y ait point été subrogé.

Comment s'éteignent les obligations des fidéjusseurs.

Les obligations des fidéjusseurs s'éteignent de la même maniere que les autres sortes d'obligations: savoir, par le paiement de la chose due (2), soit que ce paiement ait été fait par le fidéjusseur, soit qu'il ait été fait par le débiteur principal, ou par la novation qui est un paiement fic-

(1) L. 11, cod. de fidejuss. L. 39, ff. eod.

(2) L. 2, cod. de fidejuss. tutor. vel curat.

tif (1), ou par l'extinction de la chose due, à moins qu'elle n'ait péri par la faute du fidéjusseur.

Lorsque la perte d'une chose due a été causée par le fait du fidéjusseur, le débiteur se trouve libéré, mais le fidéjusseur est tenu de tous les dommages & interêts (2).

Du bénéfice de division.

S'il y a plusieurs co-fidéjusseurs d'une même dette & pour le même débiteur, & si le créancier n'agit que contre l'un d'eux, celui-là peut obliger le créancier de diviser sa demande entre & contre les autres co fidéjusseurs (3). Quant aux regles touchant le bénéfice de division, voyez la section des exceptions péremptoires, part. 4, dans laquelle il est fait mention de l'exception de division.

(1) L. 4, cod. de fidejuss.

(2) L. 32, §. 5, ff. de usuris.

(3) L. 51, §. 2, l. 27, §. 2, ff. de fidejuss.

## SECTION III.

### *De quelques autres especes d'obligations accessoires.*

LES obligations accessoires peuvent être passées entre les mêmes personnes qui ont passé l'obligation principale, ou contractées par des tierces personnes qui n'étoient pour rien dans la premiere obligation & n'y avoient aucun intérêt. Elles peuvent être stipulées avant l'obligation principale, ou bien après cette obligation, ou bien en même temps.

De l'obligation qui résulte d'un mandat.

Celui qui donne ordre à quelqu'un par un mandat exprès de prêter une certaine somme à une autre personne, ou qui charge quelqu'un de faire quelque chose, s'oblige par là de rembourser à celui auquel il a donné ce mandat, la somme par lui prêtée, & de l'indemniser de tout le préjudice qui peut résulter du prêt ou du fait dont il l'a chargé par son mandat (1). Voyez ce qui

(1) Toto tit. ff. mandati.

est dit ci-après touchant les mandats & procurations.

L'obligation des commettans est, comme la précédente, une obligation accessoire qui se contracte avant l'obligation prncipale.

On appelle *commettans* ceux qui commettent à quelqu'un le soin d'une affaire de commerce (1) ou d'un office. Ceux-là sont obligés accessoirement à tous les engagemens que contractent leurs préposés en gérant les affaires qui leur ont été confiées.

De l'obligation des commettans.

L'obligation des commettans n'est qu'accessoire, lorsque leurs préposés contractent en leur propre nom; mais lorsque ces préposés contractent en qualité de Commis ou Procureurs de leurs commettans, ceux-ci sont obligés principalement (2).

Les commettans ne sont point obligés pour le fait de leurs préposés qui excede les bornes de leur commission, ou qui n'a

(1) Tot. tit. ff. de institor. act. & ff. de exercit. act.

(2) L. 13, ff. de instit. act.

pas pour objet l'administration qui leur a été commise (1).

Les obligations accessoires qui se contractent après les obligations principales ou bien en même temps, sont d'abord les obligations pénales & celles des fidéjusseurs dont nous venons de parler; ce sont aussi les obligations par lesquelles on donne quelque meuble ou immeuble en nantissement ou en hypotheque, pour assurer le paiement d'une dette *.

De la promesse de fournir des sûretés au créancier.

La promesse faite par un débiteur de donner des sûretés à son créancier, comme de lui remettre dans un certain temps des gages ou des hypotheques, ou de lui fournir une caution, est aussi une des obligations accessoires (2) qui se contractent après l'obligation principale, ou en même temps.

Du terme fixé pour le paiement de la dette.

On peut encore compter parmi ces obligations la promesse de payer dans un certain temps une somme ou autre chose déjà due,

(1) L. 1, §. 7 & 12, ff. de exercit. act.

* Voyez les sections précédentes sur les obligations pénales & celles des fidéjusseurs. Voyez aussi la section sur l'hypotheque.

(2) L. 14, §. 1, ff. de constitut. pecun.

mais dont le terme du paiement n'étoit pas fixé. Cette promeſſe eſt valable, pourvu que la premiere obligation, dont elle eſt une ſuite, ſoit valable (1). On appelle cette promeſſe *pactum conſtitutæ pecuniæ*. Voyez ci-après, touchant l'action *conſtituti*, le chap. 1, ſect II, part IV.

---

## CHAPITRE IV.

### *Des obligations qui réſultent de la tradition d'une choſe.*

Il y a cinq manieres différentes de contracter des obligations par la tradition d'une choſe : 1°. le prêt de conſomption; 2°. le prêt à uſage; 3°. Le dépôt; 4°. le paiement d'une choſe qui n'eſt pas due; 5°. le gage & l'hypotheque.

---

(1) L. 3, §. 1, & l. 11, ff. de conſtitut. pecu

## SECTION I.

### *Du prêt de consomption.*

LE prêt de consomption appellé *mutuum*, est un contrat par lequel on donne à quelqu'un une certaine somme ou une certaine quantité de choses fongibles, pour recevoir de lui dans un temps convenu la même somme ou la même quantité de choses fongibles de la même qualité & du même genre (1).

Pour que le prêt soit valable, il faut que la chose prêtée appartienne à celui qui l'a prêtée, ce qui est une suite du principe, *nemo plus juris ad alium transferre potest, quam ipse habet* (2); & pour qu'une personne soit obligée en vertu du prêt qu'elle a accepté, il faut que la propriété effective de la chose prêtée lui ait été transportée (3). Quand est-ce que le prêt est valable.

(1) L. 2, ff. de rebus creditis.

(2) L. 54, ff. de regul. jur.

(3) D. l. 2, ff. de reb. credit.

Obligations de celui qui a reçu le prêt.

Il ne suffit pas que quelqu'un ait reçu simplement quelque chose, pour qu'il soit obligé *actione mutui*; il est nécessaire que cette chose lui ait été remise expressément en prêt & pour être rendue (1).

Quand même le prêt seroit nul, si la chose prêtée a été consommée par l'usage qu'en a fait l'emprunteur, le prêteur peut exercer contre lui les mêmes actions, que si le prêt étoit valable (2).

Celui qui a reçu le prêt est obligé, comme nous l'avons dit, non pas de rendre la même chose *in specie* que celle qu'il a reçue, mais de rendre la même chose *in genere*, c'est-à-dire une chose de même nature. Il suit de-là qu'il ne seroit pas recevable, s'il rendoit une chose qui fût d'une moindre valeur ou d'une plus mauvaise qualité.

Il n'est dû aucun intérêt du prêt, lors-

(1) L. 19, ff. de reb. credit.

(2) L. eâd. §. 1.

qu'on le rend dans le temps convenu; si on néglige de le rendre dans ce temps, les intérêts en sont dûs à compter du jour auquel la restitution du prêt a été judiciairement demandée (1).

Lorsque celui qui doit rendre la chose prêtée est admis à en rendre la valeur, cette valeur doit être estimée eu égard au temps & au lieu auquel la chose prêtée devoit être rendue (2).

Des cas fortuits.

Les cas fortuits qui causent la perte ou la détérioration de la chose prêtée, sont toujours à la charge de celui qui l'a reçue en prêt, & non de celui qui l'a prêtée (3); & l'on ne peut pas opposer la regle *res perit domino*, parce que la chose prêtée n'est pas celle qui doit être rendue, mais elle doit être remplacée par une autre chose du même genre, dont on ne peut alléguer la perte, *genus non perit*.

Du contrat de constitution de rente.

On peut stipuler dans un contrat de

(1) L. 32, ff. de usuris.

(2) L. 22, ff. de rebus credit.

(3) L. 11, cod. si certum petatur.

prêt d'une certaine somme, que celui qui reçoit cette somme en supportera les intérêts jusqu'à ce qu'il l'ait rendue : c'est ce qu'on appelle contrat de constitution de rente. Il est nécessaire, pour la validité de ce contrat, que les intérêts qu'on a stipulés n'excedent point le taux fixé par les édits ou réglemens qui sont en vigueur dans chaque lieu. En France, les dernieres Ordonnances qui ont établi le taux des intérêts qu'on peut exiger, l'ont fixé au denier vingt.

---

## SECTION II.

### *Du prêt à usage & du précaire.*

Le prêt à usage, *commodatum*, est un acte par lequel nous laissons à quelqu'un la jouissance gratuite d'un meuble ou d'un immeuble, pour nous le rendre après s'en être servi pendant un certain temps.

Le précaire est une convention par laquelle, à la priere de quelqu'un, on lui remet une chose pour s'en servir, sous condition

condition de la rendre aussi-tôt que le prêteur demandera qu'elle lui soit rendue (1). Cette condition de rendre à la premiere requisition du prêteur distingue ce contrat de celui du prêt.

Quelles choses on peut prêter.

On peut prêter la chose d'autrui que l'on a en sa possession, quoique l'on sache qu'elle appartient à autrui (2) : en cela le prêt à usage differe du prêt de consomption. Quand même la chose prêtée auroit été volée par celui qui l'a donnée en prêt, il a toujours l'action *commodati* contre celui qui a reçu le prêt (3).

Des conditions & modifications du prêt.

Comme le prêt à usage est un contrat de bienfaisance de la part de celui qui prête, il dépend de lui de prêter pour un certain temps ou sous des conditions, & l'emprunteur est tenu de remplir ces conditions & de rendre la chose prêtée au terme convenu; mais, si celui qui a prêté

(1) L. 1, ff. de precario.
(2) L. 15, ff. commodati.
(3) L. 16, ff. eod.

n'a pas déterminé le temps de la restitution de la chose prêtée, elle ne doit être rendue qu'après que l'objet pour lequel elle a été prêtée a été rempli; autrement il dépendroit de celui qui a prêté de porter préjudice à celui qui a reçu le prêt, en retirant la chose prêtée dans un temps auquel l'emprunteur a intérêt d'en faire usage : par exemple, si vous aviez prêté des étais pour soutenir une maison qui va s'écrouler, vous ne pourriez pas vous faire rendre ces étais avant qu'ils ne fussent plus nécessaires pour le soutien de la maison; car si l'emprunteur avoit su que vous voudriez si-tôt les retirer, & que vous mettriez par là sa maison en danger, il s'en seroit procuré d'autres (1).

Des obligations de l'emprunteur.

Lorsque le temps fixé pour rendre la chose prêtée est arrivé, si l'emprunteur est en demeure de la rendre, & qu'on lui aie fait la demande en justice, il est tenu d'en payer les intérêts (2).

(1) L. 17, §. 3. ff. commodati.
(2) L. 35, ff. de usuris.

Celui qui a reçu le prêt & qui en a fait un usage convenable, suivant l'objet pour lequel le prêt lui avoit été fait, n'est point tenu de réparer le dommage que la chose prêtée peut avoir souffert par l'usage qu'il en a fait; mais, s'il a abusé de la chose prêtée, s'il l'a détériorée par malice (1) ou par sa faute (2), il est tenu de réparer tout le dommage.

Non-seulement il n'est pas permis à l'emprunteur d'abuser de la chose prêtée & de la laisser périr ou détériorer par sa faute, mais encore il doit en avoir plus de soin que pour les choses qui lui appartiennent en propre; la moindre négligence le rend responsable du dommage qui en est la suite (3).

Il y a néanmoins des cas auxquels l'emprunteur n'est pas responsable des fautes

(1) L. 5, §. 2, ff. commodati.

(2) L. 10, ff. eod.

(3) L. 18, ff. eod. L. 1, §. 4, ff. de oblig. & act.

légeres, mais ſeulement des fautes graves ou du dol qu'il a commis : c'eſt lorſque celui qui a prêté avoit un intérêt perſonnel à prêter, & ne l'a pas fait dans la ſeule intention de rendre ſervice à l'emprunteur : par exemple, ſi quelqu'un déſirant qu'on jouât une piece de théâtre, prêtoit aux Acteurs les décorations qui ſont néceſſaires pour jouer cette piece, le dommage ſurvenu à ces décorations ſans une faute conſidérable de la part des Acteurs, ne ſeroit point à leur charge (1).

Lorſqu'une même choſe a été prêtée à deux perſonnes, chacune d'elles doit avoir ſoin de la choſe en entier, & s'il arrive qu'elle ſoit détériorée, faute de ſoin de la part de toutes les deux ou ſeulement de l'une d'elles, chacune peut être actionnée pour la réparation de tout le dommage (2), ſauf le recours de celle qui n'a point été en faute contre celle qui par ſa faute a occaſionné le dommage.

(1) L. 5, §. 10, ff. commodati.

(2) L. eâd. §. 15.

Si le dépériſſement ou la détérioration de la choſe prêtée eſt arrivée par des cas fortuits ou par des événemens funeſtes que l'emprunteur ne pouvoit prévoir ni empêcher, comme lorſque des voleurs lui ont enlevé la choſe prêtée, ou lorſqu'elle a péri dans un incendie, ou lorſque l'emprunteur n'a pas été en état d'apporter les ſoins néceſſaires pour la conſerver, à cauſe de ſon extrême vieilleſſe ou de quelque maladie ſérieuſe, il n'eſt point tenu de réparer le dommage dont il ne l'a point préſervée (1), à moins qu'il ne ſe ſoit chargé expreſſément du péril des cas fortuits: *contractus enim legem ex conventione recipiunt* (2). Des cas fortuits.

S'il arrive dans un incendie, que celui qui a reçu quelque choſe en prêt, ne pouvant ſauver qu'un certain nombre de choſes, a ſauvé celles qui lui appartenoient préférablement à la choſe pretée,

(1) L. 5, §. 4, ff. commodati.
(2) L. 1, §. 6, ff. depoſiti.

il eſt tenu d'en réparer la perte (1).

Lorſque l'emprunteur eſt en demeure de rendre la choſe prêtée, après en avoir été interpellé, il eſt tenu des dommages cauſés par les cas fortuits arrivés depuis qu'il eſt en demeure (2), à moins qu'il ne ſoit évident que la choſe prêtée auroit également péri entre les mains du prêteur, ſi elle lui avoit été rendue (3).

Des actions qui appartiennent à l'emprunteur.

L'emprunteur a droit d'exiger le rembourſement des dépenſes qu'il a faites de bonne foi pour la conſervation de la choſe prêtée; ce qui s'entend des dépenſes extraordinaires & non des dépenſes ordinaires & peu conſidérables : par exemple, s'il s'agit du prêt d'un cheval, la nourriture du cheval prêté eſt à la charge de celui qui l'a emprunté; mais les frais d'une maladie ſurvenue à ce cheval doivent lui être rembourſés (4).

---

(1) L. 5, §. 4, ff. commodati.
(2) Arg. l. 12. §. 3, ff. depoſiti.
(3) Arg. l. 14, §. 1, ff. eod.
(4) L. 18, §. 2, ff. commodati.

L'emprunteur eſt encore en droit d'exiger le dédommagement du préjudice qu'il a reçu du prêt, ſi celui qui a prêté, étant inſtruit du riſque qu'il y avoit à faire uſage de la choſe qu'il a prêtée, ne l'en a point averti : comme ſi quelqu'un prête des tonneaux gâtés, ſachant que le vin peut s'y gâter, & n'en avertit pas celui qui les emprunte, il eſt reſponſable de tout le préjudice que ſouffre l'emprunteur (1).

Comment finiſſent le prêt à uſage & le précaire.

Le prêt à uſage ceſſe d'avoir lieu, & on doit rendre la choſe prêtée auſſi-tôt que le temps pour la rendre fixé par la convention eſt échu, ou bien auſſi-tôt qu'on en a fait l'uſage pour lequel elle avoit été prêtée.

Le précaire ceſſe d'avoir lieu d'abord que le prêteur demande que la choſe prêtée lui ſoit rendue ; & ſi le prêteur vient à mourir ſans l'avoir demandée, le précaire ceſſe au moment de ſa mort (2) ; ainſi dès ce moment la choſe prêtée doit être rendue à ſes ſucceſſeurs.

---

(1) L. ff. commodati. §. 3.

(2) L. 4, ff. locati.

## SECTION III.

### *Du dépôt.*

Il y a deux ſortes de dépôts, le dépôt judiciaire & le dépôt extrajudiciaire.

Le dépôt judiciaire eſt la conſignation faite judiciairement d'une ſomme due & offerte par le débiteur à ſon créancier qui n'a pas voulu la recevoir *.

Le dépôt extrajudiciaire, qui eſt celui dont nous traitons ici, eſt un acte par lequel quelqu'un confie un meuble ou autre choſe à la garde d'un tiers, dans le deſſein de retirer, quand il lui plaira, la choſe dépoſée (1).

Il eſt de l'eſſence du dépôt que le dépoſitaire ſe charge gratuitement de garder la choſe qui lui eſt confiée (2).

* Voyez ce qui eſt dit touchant la conſignation dans la ſection I. du chap. VI. de cette partie.

(1) L. 1, in princ. ff. depoſiti.

(2) L. eâd. §. 8.

En vertu du dépôt, le déposant a action contre le dépositaire, pour se faire rendre la chose déposée, quand même il n'en seroit pas le vrai propriétaire; car un voleur qui auroit déposé la chose volée peut exercer contre le dépositaire l'action *depositi* (1).

Actions du déposant.

Observez néanmoins que, si le dépositaire sait que la chose déposée a été volée, & connoît celui auquel elle a été volée, il doit l'avertir de la réclamer (2).

Il dépend du déposant de retirer le dépôt aussi-tôt que bon lui semble, quand même il auroit fait le dépôt avec la convention expresse qu'il ne lui seroit rendu que dans un certain temps: il pourroit le demander avant ce temps malgré la convention (3).

Toute personne peut faire un dépôt, & toute personne peut réclamer le dépôt qu'elle a fait. Le fils de famille même qui

Qui peut faire un dépôt & comment.

(1) L. 1, in princ. ff. depositi, §. 39.
(2) L. 31, §. 1, ff. eod.
(3) L. 1, §. 45 & 46, ff. eod.

a fait un dépôt a une action pour réclamer la chose déposée (1).

Il est permis de déposer entre les mains de qui que ce soit, même entre les mains d'un pupille sans l'intervention de son tuteur; & s'il arrivoit au pupille de soustraire par dol la chose déposée, il en seroit responsable, pourvu que, lorsqu'on a déposé entre ses mains, il fut d'un âge assez avancé pour être réputé capable de dol. Il seroit aussi responsable de la chose déposée qu'il auroit aliénée quoique sans dol, si cette chose avoit tourné à son profit; (2) car il est de regle que personne ne peut s'enrichir aux dépens d'autrui: *jure naturæ æquum est, neminem cum alterius detrimento & injuria fieri locupletiorem* (3).

L'action qui appartient au déposant étant fondée sur un contrat de bonne foi, il s'ensuit que le dépositaire est tenu de

(1) L. 19, ff. depositi.
(2) L. 1, §. 15, ff. eod.
(3) L. 206, ff. de regul. jur.

restituer avec le dépôt tous les fruits, quels qu'ils soient, qu'il a perçus de la chose déposée.

Des cas fortuits.

Les cas fortuits qui causent la perte ou la détérioration de la chose déposée ne sont pas à la charge du dépositaire (1): 1°. S'il n'y a point de convention contraire (2); 2°. s'il n'est point en demeure de rendre le dépôt (3); 3°. s'il ne s'est pas offert lui-même à être dépositaire (4); 4°. s'il n'a rien reçu pour la garde du dépôt; 5°. Enfin s'il n'a pas occasionné cette perte ou détérioration par dol ou par quelque faute grave (5); car il n'est pas responsable du dommage qui ne vient que d'une faute légere (6).

Si la perte de la chose déposée est arrivée pendant que le dépositaire étoit en

(1) L. 20, ff. depositi.
(2) L. 1, §. 6, ff. eod.
(3) L. 12, §. 3, ff. eod.
(4) L. 1, §. 35, ff. eod.
(5) L. 32, ff. eod. L. 1, cod. eod.
(6) L. 23, ff. de regul. jur.

demeure de la rendre, par un événement qui en auroit également causé la perte, quand même elle auroit été alors rendue au déposant, le dépositaire n'est point tenu de cette perte, puisque sa demeure n'y a point contribué (1).

Il n'est pas permis aux Parties qui passent un acte de dépôt, de stipuler que le dépositaire ne sera point tenu de la réparation des dommages qu'il pourra causer par dol : pareille convention étant contraire aux bonnes mœurs, est nulle de plein droit (2).

Des héritiers du dépositaire.

L'acte du dépôt est si favorablement traité par les loix, qu'elles ont attribué au déposant une action contre les héritiers du dépositaire, pour tous les dommages qu'il a causés par dol à la chose déposée (3), quand même ces dommages n'auroient pas tourné au profit de l'hérédité, malgré la regle générale qui veut que les

(1) L. 14, §. 1, ff. depositi.
(2) L. 1, §. 7, ff. eod.
(3) L. 7, §. 1, ff. eod.

hériticrs ne soient jamais tenus du dol de celui qu'ils représentent, que jusqu'à concurrence de l'augmentation que ce dol a procurée dans les biens de l'hérédité (1).

Privileges des déposans.

Les autres privileges attribués aux déposans sont, 1°. que si le dépositaire est créancier du déposant, il ne peut se payer sur la chose déposée, & la retenir en compensation de sa créance (2); 2°. Que s'il y a un concours de créanciers sur les biens du dépositaire, le créancier, pour cause de dépôt, a la préférence contre tous autres créanciers même privilégiés, sur la chose déposée, si elle se trouve encore dans les biens du dépositaire (3); & si elle ne s'y trouve plus, il est placé, pour la valeur de cette chose, immédiatement après les créanciers privilégiés, & de préférence aux autres créanciers (4).

Lorsque la chose déposée a passé entre

(1) L. 7, §. 1, ff. depositi.

(2) L. 11, cod. eod.

(3) L. 7, §. 2, ff. eod.

(4) Arg. l. 9, ff. de privileg. credit.

les mains des héritiers du dépositaire, & a péri par des faits particuliers de ces cohéritiers, chacun d'eux est tenu de son fait propre (1), & le déposant n'a contre eux aucune action solidaire; mais, s'il arrive que, lors du partage de la succession du dépositaire, un des cohéritiers ait laissé prendre une partie de la chose déposée par un autre co-héritier qui étoit dans ce temps insolvable, le déposant a une action solidaire contre le co-héritier solvable qui a eu l'imprudence de laisser prendre une partie du dépôt par ce co-héritier insolvable (2).

Actions du dépositaire.

Le dépositaire a action contre le déposant, pour exiger de lui le remboursement de toutes les dépenses nécessaires & utiles qu'il a faites pour la conservation du dépôt (3).

Si le dépositaire s'est chargé dans l'acte du dépôt de porter la chose déposée dans un

(1) L. 22, ff. depositi.

(2) Arg. D. l. 22.

(3) L. 23, ff. eod.

autre endroit que celui auquel elle a été déposée, les frais que lui coûte le transport du dépôt doivent lui être remboursés par le déposant (1).

Il n'est dû par le dépositaire aucun intérêt de la chose qui lui a été remise, à moins qu'il ne soit en demeure de la rendre (2), ou a moins qu'il ne l'ait employée pour son propre usage (3), ou à moins qu'il n'y ait quelque convention entre le déposant & le dépositaire, par laquelle il soit dit que celui-ci paiera certains intérêts (4). Dans ce dernier cas, il faut observer que la convention par laquelle on stipule que le dépositaire paiera des intérêts, est contraire à la nature du dépôt, & doit être mise dans la classe des contrats de louage; car le dépôt étant un contrat de bienfaisance doit être gratuit.

---

(1) L. 12, ff. depositi.

(2) L. 2, cod. eod.

(3) L. 25, §. 1, ff. eod. L. 4, cod. id.

(5) L. 26, §. 1, ff. eod.

## SECTION IV.

*Du paiement d'une chose qui n'est pas due.*

CELUI qui reçoit le paiement d'une chose qui ne lui est pas due, contracte l'obligation de rendre cette chose, quoiqu'il la reçoive de bonne foi & croyant en être le créancier.

L'action qui appartient à celui qui veut se faire rendre une chose qu'il a payée & qu'il ne devoit pas, est appellée *condictio indebiti.*

Quels sont les paiemens sujets à restitution.

On ne doit pas regarder comme un paiement sujet à restitution, le paiement d'une dette fait par une tierce personne au nom du débiteur (1).

Il est de regle qu'on ne peut exercer l'action *indebiti*, pour revendiquer une chose qu'on a payée, que lorsqu'on en a fait le paiement par erreur; ceux qui payent des choses qu'ils sont certains de ne pas devoir, font une espece de donation dont il ne

(1) L. 44, ff. de condictione indebiti.

leur

leur eſt pas poſſible de ſe rétracter (1) : *cujus per errorem dati repetitio eſt, ejus conſultò dati donatio eſt* (2).

Il y a une différence entre l'erreur de droit & l'erreur de fait. Si le paiement a été fait par erreur de droit, on n'eſt pas fondé à répéter la choſe payée (3) : par exemple, ſi un héritier payoit tous les legs ſans ſavoir que les loix lui accordent la faculté de retenir la falcidie, il ne pourroit pas exiger la reſtitution de ce qu'il auroit payé de trop (4) : la raiſon en eſt que les diſpoſitions des loix étant publiques, perſonne ne doit les ignorer (5). Si le paiement a été fait par erreur de fait, comme ſi l'héritier a payé tous les legs, croyant que le reſte des biens de l'hérédité lui ſuffira pour la falcidie, il y a lieu à

---

(1) L. 1, in fin. L. 24, l. 50, ff. de condict. indeb.

(2) L. 53, ff. de regul. jur.

(3) L. 10, cod. de jur. & fact. ignor.

(4) L. 5, & 9, ff. eod.

(5) L. 12, cod. eod.

la répétition de ce qu'il a payé de trop *condictione indebiti* (1), au cas que les biens qui restent ne soient pas suffisans pour son droit de falcide. Il en est de même, si un héritier paye une somme qu'il croit être due en vertu d'une transaction passée par le défunt, tandis que réellement le défunt n'a passé aucune transaction : la somme payée lui doit être rendue *condictione indebiti* (2).

On peut exiger la restitution de la chose payée, soit qu'il n'en existe aucune dette, soit qu'il en existe une dette contre laquelle on pouvoit opposer une juste exception; mais il faut distinguer les especes d'exceptions qui pouvoient être opposées lors du paiement, pour savoir s'il y a lieu à la répétition. Si ce sont des exceptions dilatoires, on n'est pas fondé à demander la restitution de la chose payée (3). Si ce sont des exceptions péremptoires, on a le

(1) L. 9, cod. ad leg. falcid.

(2) L. 23, ff. de condict. indeb.

(3) L. 10, ff. eod.

droit de demander cette restitution (1) : telle est l'exception du Sénatus-Consulte Velléïen qui annulle les obligations des femmes (2). S'il est douteux que l'exception qui pouvoit être opposée contre la dette qui a été payée, soit dilatoire ou péremptoire, ce doute suffit pour autoriser la répétition du paiement (3).

L'exception du Sénatus Consulte Macédonien que les fils de famille peuvent opposer contre leurs obligations, ne peut leur servir de rien, quoiqu'elle soit péremptoire, pour revenir contre l'acquittement de ces obligations *condictione indebiti* (4).

On peut revendiquer le paiement d'une dette conditionnelle qu'on a fait avant l'événement de la condition, parce que, tant que la condition n'est point remplie,

(1) L. 40, ff. de condict. indeb.

(2) L. 9, cod. ad Senat. Velléïan.

(3) L. 56, ff. de condict. indeb.

(4) L. 26, §. 9, ff. de condict. indeb. L. 9, §. penult. ff. ad Senat. macedon.

on peut dire qu'il n'y a point de dette (1);
mais, si c'est une condition qui doive nécessairement arriver tôt ou tard, de sorte que l'établissement de la condition ne sert qu'à renvoyer le paiement de la dette à un certain temps, le paiement fait avant que la condition arrive est valable, & n'est pas sujet à restitution (2).

Le paiement fait par le mari des frais de la maladie de sa femme ne peut être déduit *condictione indebiti*, sur la dot qui doit être rendue aux héritiers de cette femme, parce qu'il est naturel qu'un mari ne paie pas ces frais dans l'intention d'en être remboursé; mais les frais qu'un mari paie pour les funérailles de sa femme, peuvent être déduits sur la dot qu'il doit rendre (3).

On ne peut répéter ce qu'on a payé en vertu d'une transaction, quoique le motif qui a occasionné l'obligation contractée dans la transaction se trouve faux, parce

---

(1) L. 16, ff. de condict. indeb.

(2) Arg. l. 10, ff. eod.

(3) L. 13, cod. de negot. gest.

que le principal motif des obligations qu'on contracte par transaction est d'éviter des procès ; il en seroit autrement, si ce motif faux qui a donné lieu à l'obligation étoit suffisant pour rendre la transaction nulle (1).

Lorsqu'on a payé une dette à laquelle on étoit obligé naturellement & non civilement, on n'est point fondé à se faire rendre la chose payée (2) : par exemple, l'on n'est jamais moins obligé civilement à une dette que lorsqu'on est déchargé de cette dette par sentence ; cependant si cette sentence étoit injuste, & si le débiteur absous, reconnoissant l'injustice, avoit payé la dette, il ne pourroit plus revenir contre ce paiement (3).

Il n'est dû aucun intérêt par celui qui rend ce qu'il a reçu : il ne doit rien de plus que ce qui lui a été remis (4) ; ce-

(1) L. 65 §. 1, ff. de condict. indeb.

(2) L. 10, ff. de oblig. & act.

(3) L. 28, ff. de condict. indeb.

(4) L. 1, cod. eod. tit.

pendant il est tenu de rendre tout le profit qu'il a retiré de la chose payée; par conséquent, s'il s'agit d'un fonds, il doit rendre les fruits & tous les accessoires qui ont augmenté la valeur de ce fonds; s'il s'agit d'un troupeau de brebis, il doit rendre les agneaux (1); ainsi du reste.

Il est fondé à son tour, en rendant la chose qu'il a reçue, de déduire toutes les dépenses qu'il a été obligé de faire, pour la conserver, pendant qu'elle a resté entre ses mains (2).

## SECTION V.

### *Du gage & de l'hypotheque.*

Le gage & l'hypotheque sont la cinquieme espece de contrats qui résultent de la tradition d'une chose.

Le gage se dit d'un meuble remis en nantissement par le débiteur entre les mains de son créancier pour sûreté de sa créance,

(1) L. 15, ff. de condict. indeb.

(2) L. 65. §. 5, ff. eod.

l'hypotheque ſe dit d'un meuble ou immeuble qui eſt déſigné pour aſſurer le paiement d'une créance, mais qui n'eſt point remis au créancier. La tradition du gage ſe fait réellement, l'hypotheque s'établit par la ſeule convention (1).

L'hypotheque eſt particuliere ou générale : elle eſt particuliere, lorſqu'elle a pour objet une ou pluſieurs propriétés ſpécialement déſignées ; elle eſt générale, lorſqu'elle s'étend ſur tous les biens en général du débiteur hypothécaire.

Quelles choſes peuvent être hypothéquées.

On peut donner en gage ou en hypotheque toutes les choſes qu'on a la faculté de vendre (2) ; ainſi on peut hypothéquer un fonds emphytéotique, en réſervant le droit du Seigneur direct (3).

Il eſt permis à un tuteur d'hypothéquer les biens de ſon pupille, & au curateur les biens de celui dont il gere les affaires,

(1) L. 9, §. 2, ff. de pignorat. act.

(2) L. 9, ff. de pign. & hypoth.

(3) L. 16, §. 2, ff. de pignor. act. L. 31, ff. de pign. & hypoth.

lorſqu'ils ſont obligés d'emprunter quelque ſomme pour l'intérêt de ceux dont les biens leur ſont confiés (1).

On ne peut pas hypothéquer les propriétés d'autrui, à moins que celui auquel ces propriétés appartiennent, n'y prête ſon conſentement, ou à moins qu'il n'en faſſe la ratification (2).

Lorſqu'un débiteur établit une hypotheque générale ſur tous ſes biens, il peut hypothéquer même ſes biens à venir (3).

Toutes les choſes dont on fait un uſage journalier & dont on ne peut ſe paſſer, comme les habits, ne peuvent pas être hypothéqués; par conſéquent ces choſes ne ſont point cenſées compriſes dans une hypotheque générale (4).

Les inſtrumens & les outils néceſſaires à la culture de la terre, les bœufs & la charrue, ne peuvent pas être hypothé-

(1) L. 16, in princ. ff. de pign. act.

(2) L. 20, ff. eod.

(3) L. 1, in princ. ff. de pign. & hypoth.

(4) L. 6 & 7, ff. eod.

qués (1) : c'est une faveur que les loix devoient à l'agriculture.

Celui qui donne en hypotheque une chose qu'il sait être déjà hypothéquée pour une autre dette, commet un stellionat, & peut être actionné criminellement par le créancier, à moins que le créancier n'ait été instruit que cette chose étoit déjà hypothéquée, lorsqu'il l'a reçue en hypotheque (2); ce qui a lieu quand même le débiteur qui a trompé le créancier en lui donnant une hypotheque, seroit solvable (3).

Il n'est pas nécessaire, pour la validité de l'hypotheque, qu'elle soit établie par un acte public : une simple convention, même sans écrit, est suffisante; il faut seulement qu'on puisse fournir la preuve de cette convention (4) *.

Comment on contracte l'hypotheque.

(1) L. 7 & 8, cod. quæ res pignor. oblig. & authen. agricultores cod. eod.

(2) L. 16, §. 1, ff. de pign. act.

(3) L. 32, ff. eod.

(4) L. 4, ff. de pign. & hypoth.

* Cette regle n'a pas lieu en France, où il

Suivant la loi commissoire il étoit permis de convenir que si la dette n'étoit pas payée dans un certain temps, le créancier pourroit garder & retenir la propriété de la chose qui lui avoit été remise en gage ou en hypotheque. Cette convention a été prohibée par la constitution de l'Empereur Constantin (1).

Des hypotheques tacites.

Il y a des cas privilégiés auxquels les biens du débiteur sont hypothéqués, sans qu'il y ait pour cela aucune convention expresse des Parties.

1°. Cette hypotheque tacite a lieu en faveur du fisc sur les biens de tous ceux avec lesquels il est obligé de contracter en sa qualité de fisc (2).

2°. Elle a lieu en faveur des pupilles & des mineurs sur les biens de leurs tuteurs ou curateurs, pour la réparation des dom-

---

faut nécessairement un acte passé devant Notaires, ou une Sentence pour établir une hypotheque.

(1) L. ult. cod. de pactis pignor.

(2) L. 1 & 2, cod. in quibus causis pignus vel hypoth.

mages que ces tuteurs ou curateurs ont causés par une mauvaise administration (1).

3°. Les femmes ont également une hypotheque tacite pour leurs dots sur les biens de leurs maris (2).

4°. Celui qui prête une somme qui est employée aux réparations nécessaires d'une maison, a une hypotheque tacite sur cette maison (3).

5°. Les meubles ou autres choses qu'un locataire ou Fermier a remises & transportées dans la propriété louée ou donnée à bail, sont tacitement hypothéquées pour le paiement du loyer ou de la rente, avec cette différence néanmoins, que si c'est dans un bien de campagne que la chose dont il s'agit a été transportée par le Fermier, l'hypotheque tacite n'a lieu qu'en tant qu'elle y a été transportée au su du pro-

(1) L. 20, cod. de admin. tutor.

(2) L. unic. cod. de rei uxoriæ actione.

(3) L. 1, ff. in quibus causis pign.

priétaire, & si c'est dans une maison en ville, tout ce qui est remis dans cette maison par le locataire est tacitement hypothéqué, sans que le propriétaire ait rien su de ce qu'on y a remis (1).

6°. Les légataires, outre l'action personnelle qu'ils peuvent exercer contre l'héritier qui doit les payer, ont une hypotheque tacite sur les biens délaissés par celui qui a ordonné les legs (2).

Actions du créancier hypothécaire.

L'effet que produit l'hypotheque est d'attribuer au créancier hypothécaire, au cas qu'il ne soit pas payé de sa créance, le droit de s'emparer de la chose hypothéquée & de la vendre, pour être payé sur le prix de la vente (3).

Il faut observer que le créancier qui n'est point payé, ne peut s'emparer de la chose hypothéquée de sa propre autorité, mais qu'il doit la faire saisir & vendre par autorité de justice (4).

---

(1) L. 5, cod. de locato.

(2) L. 1, cod. communia de leg.

(3) L. 4, ff. de pignorat. act.

(4) L. 14, de distrac. pignor.

Lorſqu'il y a une convention expreſſe que le créancier ne pourra aliéner pour ſon paiement la choſe hypothéquée, le créancier qui n'eſt pas payé peut aliéner l'hypotheque, malgré cette convention qui eſt nulle & contraire à la nature de l'hypotheque (1).

Non-ſeulement l'hypotheque établie pour une créance a lieu pour le fonds de cette créance, mais encore elle a lieu pour tout ce qui eſt acceſſoire à la créance, ſavoir pour les intérêts quels qu'ils ſoient qui en ſont dus, & pour les frais légitimes que le créancier a faits en pourſuivant l'hypotheque (2).

Droits du débiteur.

Il eſt permis au débiteur de vendre la choſe hypothéquée ou remiſe en gage, en employant le prix qu'il retire de la vente au paiement de ſa dette (3); & s'il s'agit d'un meuble qui a été remis en gage au créancier, il peut forcer le créancier de re-

---

(1) L. 5, ff. de pignorat. act.

(2) L. 8, §. 5, ff. eod.

(3) Auth. hoc ita cod. de pignor. & hypoth.

présenter ce meuble pour être vendu, en fournissant auparavant une bonne caution pour le prix de ce meuble (1).

Lorsque le débiteur a payé la dette, & qu'il y a lieu par conséquent à la restitution de la chose donnée en nantissement, l'action par laquelle le débiteur peut exiger cette restitution, n'est pas sujette à la prescription *longi temporis*. (2).

De l'aliénation ou détérioration de l'hypothèque.

Le débiteur ne peut nuire aux droits du créancier, soit qu'il aliene la chose hypothéquée, soit qu'il y impose une servitude, soit qu'il fasse donation de l'usufruit de cette chose, soit qu'il y établisse un fidéicommis (3).

Lorsque le débiteur a vendu l'hypotheque au préjudice des droits du créancier hypothécaire, le créancier peut choisir ou d'exercer une action personnelle contre son débiteur, ou d'agir contre le tiers acquéreur par action réelle sur le bien hy-

---

(1) L. 6, ff. de pignor. act.

(2) L. 10 & 12, cod. eod. tit.

(3) L. 15, cod. de pignor. & hypoth.

pothéqué vendu (1); & quoique le créancier hypothécaire ait déjà exercé une action personnelle contre son débiteur ou contre les fidéjusseurs de son débiteur, il n'est point exclu de l'action hypothécaire sur les biens hypothéqués (2).

Des amélioration de la chose hypothéquée.

Les augmentations de valeur qui surviennent à la chose remise en gage ou hypothéquée, ainsi que toutes les améliorations, sont soumises à l'hypotheque (3), quoique cela ne soit pas exprimé dans la convention.

Actions qui appartiennent au débiteur hypothécaire.

Le débiteur hypothécaire a action pour retirer la chose hypothéquée ou remise en gage, dès qu'il a éteint la dette; mais il faut que la dette soit tout-à-fait éteinte; & quand même la dette auroit été divisée entre plusieurs héritiers du débiteur, si un des héritiers payoit la portion dont il est redevable, il ne pourroit exiger la restitution du gage, que lorsque les portions

(1) L. 14, cod. de pignor. & hypoth.

(2) L. 8, cod. eod.

(3) L. 18, §. 1, ff. de pignor. act.

dues par les autres héritiers auroient été payées (1).

De l'extinction ou détérioration du gage ou de l'hypotheque.

Le créancier qui a reçu un meuble ou autre chose en nantissement, pour la sûreté de sa créance, doit être aussi attentif pour la conservation de ce meuble, que l'est un pere de famille pour conserver ce qui lui appartient (2). Il est tenu de tous les dommages occasionnés par sa négligence ou par sa faute, & à plus forte raison des dommages qu'il a causés par dol (3). Mais il n'est point tenu de la perte ou détérioration arrivée par des cas imprévus, ou par des événemens qu'il ne pouvoit empêcher (4); d'où il suit que le débiteur n'est point libéré par ces événemens, à moins qu'il n'ait été convenu expressément entre les Parties, que la perte de la chose hy-

(1) L. 8, §. 1, ff. de pignor. act. L. 1, cod. de luitione pignoris.

(2) L. 14, ff. de pignor. act.

(3) L. 13, §. 1, ff. eod. L. 19, cod. de pignor. act. 8 & 9 cod. de pignor.

(4) L. 6, act. l. 13, ff. eod.

pothéquée

pothéquée ou remise en gage, libéreroit le débiteur (1).

De l'ordre des hypotheques.

Comme il arrive souvent qu'il y a plusieurs créances hypothécaires sur les mêmes biens, il est nécessaire de savoir quelles sont celles qui doivent être payées en premier lieu & de préférence : il est possible qu'un débiteur hypotheque les mêmes biens en faveur de plusieurs créanciers, sans être stellionataire : ce qui se fait en constituant une hypotheque générale sur tous ses biens pour diverses créances; car le stellionat, en fait d'hypotheque, consiste à hypothéquer spécialement une chose déjà spécialement hypothéquée pour une autre dette.

La principale regle qu'on observe pour l'ordre des créances hypothécaires, est que la premiere en date est préférée aux autres, & qu'elles sont toutes rangées suivant l'ordre du temps auquel elles ont été établies : *prævalet jure qui prævenit tempore* (2).

---

(1) L. 6, de pignor. act.

(2) L. 2, cod. qui potiores in pign. hab.

Peu importe, pour l'application de cette regle, que l'hypotheque soit générale ou qu'elle soit particuliere : l'hypotheque générale, plus ancienne, a la préférence sur l'hypotheque spéciale d'une date postérieure (1).

Il y a néanmoins des exceptions à la regle précédente :

1°. Celui qui a prêté une somme pour l'achat d'une propriété, avec pacte d'hypotheque sur la propriété achetée pour la somme qu'il a prêtée, doit être préféré sur cette propriété aux créanciers plus anciens qui ont une hypotheque générale (2).

2°. L'hypotheque de la dot reçue par le mari (3), ainsi que l'hypotheque de l'augment de dot (4), ont la préférence sur toutes les autres hypotheques plus anciennes des autres créanciers du mari *.

(1) L. 6, cod. qui potiores in pign. hab.

(2) L. 7, cod. eod.

(3) L. 12, cod. eod.

(4) Nov. 97, cap. 2.

* Suivant les Commentateurs, ce privilege

3°. Le créancier d'une date postérieure est préférable au créancier d'une date antérieure, si sa créance procede d'une somme payée pour l'acquittement d'un créancier encore plus ancien (1), & s'il a été subrogé aux droits de ce créancier plus ancien (2).

4°. Le créancier pour une somme employée à la conservation d'un immeuble hypothéqué à un autre créancier, a la préférence sur cet immeuble, contre cet autre créancier plus ancien que lui (3).

De l'antichrese.

Il reste à expliquer ce que c'est que l'antichrese.

Il y a un gage conventionnel qu'on appelle en droit, *antichresis*. Ce gage se forme

---

e doit s'appliquer que vis-à-vis des créanciers du mari, qui n'ont qu'une hypotheque tacite; mais en France, on n'admet point du tout un pareil privilege.

(1) L. 3, cod. de his qui in priorum credit.

(2) L. 1, cod. eod. L. 3, ff. de distractione pignorum.

(3) L. 5 & 6, ff. qui potiores in pign. hab.

par une convention, portant que les fruits provenans de la chose hypothéquée ou remise en gage au créancier, lui appartiendront au lieu des intérêts que pourroit produire sa créance. Cette convention est permise par le Droit Romain (1), mais elle est réprouvée par le Droit Canonique.

## CHAPITRE V.

*Des différens contrats en particulier qui naissent du consentement des Parties.*

NOUS avons divisé les obligations en deux classes principales, dont l'une est pour les obligations qui naissent du consentement des Parties, & l'autre pour les obligations qui résultent de la tradition d'une chose. Quant à cette classe-ci, nous sommes entrés dans le détail des différentes especes de contrats qu'elle renferme; quant à l'autre classe, nous avons seulement trai-

(1) L. 11, §. 1, ff. de pign. & hyp.

té en général des principes applicables à toutes les conventions, & des différentes modifications qui peuvent étendre ou diminuer les obligations : il nous reste donc à parler en particulier de chacun des contrats qui sont fondés sur le consentement exprès des Parties. Nous ajouterons une section touchant les obligations qui naissent des presque-contrats. En observant cet ordre on se rapproche beaucoup de celui des Instituts de Justinien, & l'œil semble suivre la liaison des matieres qui regnent dans le corps des Loix Romaines.

---

## SECTION I.

### ARTICLE I.

### *Du Contrat de vente.*

AUTREFOIS les hommes se secouroient dans leurs besoins réciproques, en se donnant les uns aux autres des marchandises ou des choses fongibles pour d'autres marchandises ou d'autres choses fongibles d'une valeur à-peu-près égale, & le commerce ne se faisoit que par des échanges. Ce n'est qu'après l'invention de la monnoie, que les ventes ont eu lieu, qu'on a jugé de la valeur de chaque chose par la valeur attribuée à la monnoie, & que les loix ont établi des regles pour la validité du contrat de vente (1).

On définit la vente un contrat du droit des gens, (2) qui est fondé sur le consentement des Parties, & en vertu duquel une chose est livrée pour une certaine somme (3).

Il y a trois choses requises pour la validité de l'acte de vente : 1°. le consentement exprès du vendeur & de l'acheteur; 2°. l'objet vendu (4); 3°. le prix de la vente (5).

Des actions qui résultent du contrat de vente.

En vertu du contrat de vente, l'acheteur a action contre le vendeur, pour l'obliger

(1) L. 1, ff de contrah. empt.

(2) L. eàd.

(3) L. 9, ff. eod.

(4) L. 8, ff. eod.

(5) L. 2, §. 1, ff. eod.

à lui livrer la chose vendue, ainsi que tous les accessoires qui en dépendent, & les fruits qui en sont provenus depuis le jour de la vente (1). Le vendeur a action contre l'acheteur pour l'obliger à lui payer le prix convenu (2).

Non-seulement le vendeur est tenu de livrer la chose vendue avec tous les accessoires qui s'y trouvent joints, même ceux dont il n'a pas fait mention dans l'acte de vente, mais encore il est tenu de livrer tous les accessoires qui ne se trouvent pas joints à l'objet vendu, s'il a affirmé dans l'acte de vente que ces accessoires y sont joints (3).

Le vendeur est encore tenu de garantir & indemniser l'acheteur, au cas qu'il soit évincé en tout ou en partie de la chose vendue (4). Cette obligation est de droit,

(1) L. 3, ff. de act. empt. & vendit.

(2) L. 13, §. 19, ff. eod.

(3) L. 26, ff. eod.

(4) L. 1, ff. de evictionibus.

& il n'eſt pas beſoin qu'elle (1) ait été ſtipulée. Elle a lieu même à l'égard des mineurs, pour les ventes de leurs biens, faites par leurs tuteurs (2).

De l'interprétation du contrat de vente.

Lorſque les conventions paſſées relativement à une vente, préſentent quelque ambiguité, elles doivent toujours être interprêtées en faveur de l'acheteur contre le vendeur (3). Cette regle eſt fondée ſur ce qu'il ne peut y avoir de dol dans un contrat de vente que de la part du vendeur, parce qu'il a une pleine connoiſſance de la choſe qu'il vend, ſur laquelle il peut tromper l'acheteur; au contraire, l'acheteur n'ayant point d'autres obligations à remplir que celles qui regardent le prix de la vente, il ne peut guere uſer de dol envers le vendeur.

Des Arrhes.

Les arrhes ne ſont point de l'eſſence du contrat de vente & n'ajoutent rien à ſa validité; mais ſi elles ont été données,

(1) L. 6, cod. de evictionibus.
(2) L. 4, ff. eod.
(3) L. 21, ff. de contrah. empt.

il en résulte que les Parties peuvent revenir de la vente avant la tradition de la chose vendue & le paiement du prix, à cette condition que si celui qui a donné les arrhes, veut que la vente n'aie point d'effet, il perd ses arrhes; & si le refus d'accomplir la vente vient de la part de celui qui a reçu les arrhes, celui-ci doit les rendre avec le double (1). Le motif de cette regle vient de ce que les arrhes se remettent ordinairement pour gage de la sûreté de la vente, & pour que leur perte soit une peine contre celui qui voudroit se dédire avant l'accomplissement de la vente. Il est évident que cette regle n'a pas lieu, lorsque les arrhes ont été seulement remises pour approuver la vente & à compte du prix : alors la vente est censée parfaite, & il n'est plus possible de s'y refuser.

Vente dont le prix doit être fixé par un tiers.

Il est permis de vendre en convenant que le prix de la vente sera payé suivant l'estimation qui sera faite par un tiers de

(1) L. 17, cod. de fide instrum.

la chose vendue, ou suivant la fixation du prix, telle qu'il plaira à un tiers de la faire ; il suit de cette convention que si ce tiers ne vouloit ou ne pouvoit faire cette estimation ou fixation, la vente ne produiroit aucun effet (1).

Quelles choses peuvent être vendues.

Toutes les choses qui sont en commerce parmi les hommes, peuvent être vendues. Les ventes relatives à quelque chose d'illicite & de contraire aux bonnes mœurs sont prohibées, ainsi que les ventes des choses sacrées & des autres choses qui ne peuvent être mises en commerce (2).

On peut vendre la chose d'autrui, soit que le vendeur sache, soit qu'il ignore que ce qu'il vend ne lui appartient pas. En vertu de ce contrat, le vendeur est obligé envers l'acheteur de lui remettre la chose vendue, en la rechetant du vrai propriétaire, ou de lui en remettre une pareille, ou de l'indemniser de tout ce qu'il pourroit perdre par l'éviction ou réclamation

(1) L. ult. cod. de contrah. empt.

(2) L. 34. §. 1, ff. eod. tit.

du vrai maître de la chose vendue. Mais la vente de la chose d'autrui ne nuit point au propriétaire qui a le droit d'empêcher que cette vente ait son effet (1).

La vente d'une chose qui appartient déjà à l'acheteur est nulle, soit que l'acheteur sache qu'elle lui appartient, soit qu'il l'ignore (2).

Quelles personnes peuvent vendre ou acheter.

Il est permis à toutes les personnes qui ont la libre administration de leurs biens, de vendre ou d'acheter; par conséquent les actes de vente sont nuls, s'ils ont été passés par des enfans, des pupilles, des mineurs, ou par des insensés (3).

Par la raison que le pere & les enfans qui sont sous sa puissance, sont regardés comme ne faisant qu'une seule personne, il n'est pas permis au pere d'acheter d'aucune maniere les biens de ses enfans (4).

Les peres qui gerent les biens adventices

(1) L. 28, ff. de contrah. empt.

(2) L. 16, ff. eod.

(3) L. 2, cod. eod.

(4) L. 2, ff. eod.

de leurs enfans, & les tuteurs ou curateurs ne peuvent aliéner les biens dont le soin leur est confié, si ce n'est dans des cas de nécessité, & avec une permission du Juge (1).

Du péril de la chose vendue.

Aussi-tôt que la vente est accomplie, le péril de la chose vendue regarde l'acheteur (2), & les dommages occasionnés par des cas fortuits sont à sa charge, soit que ces cas fortuits arrivent avant la tradition de la chose vendue, soit qu'ils n'arrivent qu'après cette tradition; mais si la chose vendue périssoit par la faute du vendeur ou par sa fraude, il seroit tenu de cette perte (3).

Le péril de la chose vendue tombe sur le vendeur, si la vente n'est pas tout-à-fait accomplie; ainsi, lorsque la vente dépend

---

(1) Tot. tit. cod. de prædiis minor. vel aliis reb.

(2) L. 1 & 6, cod. de periculo & commodo rei vendit.

(3) L. 5, ff. eod. L. 35, §. 4, ff. de contrah. empt.

de l'événement d'une condition, tant que la condition n'est point arrivée, la vente reste en suspens, & la perte de la chose vendue, causée pendant ce temps par des cas fortuits, est à la charge du vendeur; mais si ces cas fortuits ne font que détériorer la chose vendue, cette détérioration est à la charge de l'acheteur (1).

Un autre cas auquel le péril de la chose vendue regarde le vendeur, c'est lorsqu'il s'agit d'une vente faite au poids ou à la mesure : jusqu'à ce que la chose vendue ait été mesurée ou pesée, la vente n'est point censée accomplie, & les cas fortuits qui causent la perte ou la détérioration de la chose vendue sont imputés au vendeur (2).

Des motifs de rescision de la vente.

Il y a plusieurs raisons légitimes qui autorisent à demander la rescision d'une vente quoiqu'elle soit accomplie. 1°. Si l'on prouve qu'une des Parties qui ont

(1) L. 8, ff. de peric. & commod. rei vend.

(2) L. 1, §. 1, ff. eod. L. 35, §. 5, ff. de contrah. empt.

passé l'acte de vente, a été forcée à contracter par des menaces ou par des violences, ou bien y a été induite par fraude (1). 2°. Si par la vente quelqu'une des Parties a souffert une lésion considérable.

Le prix de la vente doit être proportionné à ce qui est vendu. De sorte que, soit que l'acheteur ait été lésé en payant beaucoup au-delà du juste prix, soit que le vendeur ait été lésé en recevant un prix trop vil, si la lésion excede la moitié de la valeur de la chose vendue, il y a lieu à rescinder la vente, à moins que ce qui manque pour rendre le prix juste, ne soit rendu à la personne lésée. Une lésion moindre que de la moitié du prix (2), ne suffiroit pas pour donner lieu à la rescision d'une vente (3).

Ce que nous venons de dire s'applique aux contrats des majeurs. Les mineurs qui ont été lésés dans un contrat de vente, peu-

(1) L. 1 & 10, cod. de rescind. vendit.

(2) L. 2, cod. eod.

(3) L. 54, ff. de contrah. empt.

vent demander la rescision de ce contrat pour quelque lésion que ce soit (1).

Lorsqu'un mineur a vendu quelqu'une de ses propriétés, & a trompé l'acheteur en lui disant qu'il étoit majeur, il a perdu par-là l'action qu'il auroit eu sans cela pour se faire restituer contre l'acte de vente (2).

*Nota*. Que dans les aliénations, les Communautés, les Colleges, & tous les Corps qui intéressent le public, sont regardés comme mineurs, & jouissent des mêmes prérogatives (3).

Les vices de la chose vendue sont aussi un moyen de rescision de la vente, lorsque l'acheteur ne les a découverts qu'après la vente. Dans ce cas, l'acheteur peut agir en redhibition de la somme qu'il a payée, comme on le verra dans l'article suivant.

---

(1) Tot. tit. ff. de minoribus 25 ann.

(2) L. 2, cod. si minor se majorem dixerit.

(3) L. 4, cod. quibus ex causis major. in integr.

Un autre moyen pour annuller l'acte de vente, est le consentement mutuel des Parties (1), parce que toutes les obligations se détruisent de la même maniere qu'elles s'établissent, & les nouvelles conventions dérogent aux conventions précédentes.

## ARTICLE II.

### *De la redhibition.*

LES Ediles Curules avoient rendu un Edit concernant les ventes des esclaves, pour prévenir la fraude & la mauvaise foi des vendeurs qui trompoient les acheteurs, en cachant les vices inhérens, ou les maladies habituelles des esclaves qu'ils vendoient, ou en assurant que ces esclaves avoient certaines qualités qu'ils n'avoient point. Par cet Edit, il étoit permis à l'acheteur de revenir contre une vente ainsi frauduleusement faite, d'exiger la redhibition du prix qu'il avoit payé, & de faire

(1) L. 2 & 3, ff. de rescind. vendit.

remettre

remettre les choses dans leur premier état. Si l'acheteur ne vouloit pas que la vente fût tout-à-fait nulle, il pouvoit se contenter d'exiger la redhibition d'une partie du prix payé, suivant l'estimation du *quanti minoris* de la valeur de l'esclave vendu pour raison des vices qui avoient été célés, ou des qualités qui avoient été faussement déclarées (1).

Cet Edit fut ensuite étendu expressément aux ventes des bestiaux. Justinien l'a admis parmi les loix, & l'a rendu commun à toutes les especes de ventes soit de meubles, soit d'immeubles (2).

Comment il y a lieu à la redhibition.

Pour qu'il y ait lieu à la redhibition du prix d'une vente, il est nécessaire que les vices que l'acheteur a découverts dans la chose vendue, & dont il n'avoit pas été averti, soient un peu considérables (3). Il ne peut exiger que les qualités de la chose vendue, qui lui ont été annoncées par le

(1) L. 1, §. 1, ff. de ædilitio edicto.
(2) L. eâd. in princ.
(3) L. eâd. §. 8.

vendeur, ſoient véritables dans la plus exacte rigueur. Il ſuffit que ce que le vendeur a dit lors de la vente ſe trouve à-peu-près veritable, & qu'il n'y ait point eu de mauvaiſe foi de ſa part (1).

La redhibition du prix n'a pas lieu non plus, lorſque le vice dont l'acheteur ſe plaint, eſt un vice apparent & dont il devoit s'appercevoir au temps de la vente (2).

Lorſque l'acheteur a été trompé ſur la valeur de ce qu'il a acheté par la fraude du vendeur, il peut choiſir ou l'action *redhibitoire*, dont l'effet eſt de faire remettre les choſes dans leur premier état, comme s'il n'y avoit point eu de vente (3), ou l'action *eſtimatoire*, dont l'effet eſt d'obliger le vendeur à rendre une partie du prix reçu, eu égard à ce que les vices dont il s'agit diminuent la valeur de la choſe vendue (4).

---

(1) L. 18, in princ. ff. de ædil. edict.

(2) L. 1, §. 6, ff. eod.

(3) L. 60, ff. eod.

(4) L. 48, §. 1, ff. eod.

Si l'acheteur choisit l'action redhibitoire, il ne peut l'exercer que durant l'intervalle de six mois à compter du jour de la vente; s'il choisit l'action estimatoire, il n'a droit de l'intenter que durant l'espace d'une année (1). L'une de ces actions n'exclut pas l'autre *.

La faveur des loix pour les pupilles n'empêche pas qu'il y ait lieu à l'action redhibitoire ou estimatoire à l'égard des ventes de leurs biens, faites par leurs tuteurs (2); car il répugneroit à l'équité que la fraude fût favorisée de quelque maniere. Des biens des pupilles.

Lorsqu'il s'agit de la vente d'un immeuble sur lequel il y a une servitude imposée, & que l'acheteur n'a pas été averti de cette servitude, il y a seulement lieu à l'action estimatoire du *quanti minoris* de cet Des servitudes.

---

(1) L. 19, §. 6, L. 38, in princip. ff. de ædil. edict.

* *Nota.* Que dans chaque pays il y a des usages différens qui déterminent le temps pour exercer l'action redhibitoire.

(2) L. 1, §. 5, ff. eod.

immeuble pour raison de cette servitude (1), & à l'action redhibitoire, selon cette estimation, d'une partie du prix payé.

A quoi est tenu l'acheteur.

Celui qui agit en redhibition du prix d'une vente, doit offrir de rendre la chose vendue avec tous les accessoires de cette chose & tous les fruits qu'il en a retirés (2). Si c'est une vente faite en même temps de plusieurs choses qui ont ensemble quelque connexité, ou qui doivent aller ensemble, il ne peut rendre une de ces choses, & garder l'autre : par exemple, celui qui a acheté deux bœufs de la même hauteur, choisis pour être mis ensemble à la charrue, ne peut pas, en se plaignant des vices de l'un de ces bœufs, agir en redhibition du prix de celui-là seul, le rendre au vendeur, & garder l'autre (3).

A quoi est tenu le vendeur.

Comme la fraude du vendeur ne doit être nuisible qu'à lui seul, tous les pre-

(1) L. 61, ff. inprincip. de ædil. edict.

(2) L. 1, §. 1, ff. eod.

(3) L. 38, §. 14, ff. eod.

judices que l'acheteur a soufferts à l'occasion des vices de la chose vendue, doivent être réparés par le vendeur, & tous les frais légitimes que l'acheteur a faits pour la chose vendue, lui doivent être remboursés lorsqu'il la rend (1).

## SECTION II.

### *De l'échange.*

QUOIQUE le contrat d'échange ne soit point du nombre de ceux qui s'accomplissent par le seul consentement des Parties, il est néanmoins naturel d'en parler immédiatement après la section du contrat de vente, parce que l'objet de ces deux contrats est à-peu-près le même. Par l'acte de vente, on livre une chose pour recevoir une somme d'argent; par l'acte d'échange, on livre une chose pour recevoir une autre chose.

Les différences qui sont entre la vente

Différences entre la vente & l'échange.

(1) L. 29, §. 3, l. 30, §. 1, ff. de ædil. edict.

& l'échange consistent, 1°. en ce que la vente s'accomplit par le seul consentement des Parties, & l'échange ne s'accomplit que par la tradition faite de part & d'autre des choses échangées (1) : de sorte que, si l'une des Parties avoit livré la chose qu'elle donne de son côté, & l'autre partie n'avoit encore rien livré, celle-ci ne pourroit pas être forcée de livrer ce qu'elle devoit donner de son côté; elle seroit seulement obligée de rendre la chose qu'elle a reçue (2): observez néanmoins, que lorsqu'il y a une convention par laquelle les Parties se sont promis expressément de donner telles choses en échange, cette convention doit être exécutée *actione ex stipulatu* (3).

2°. Par l'acte de vente, on peut aliéner une chose qui appartient à autrui; & par l'acte d'échange, on ne le peut pas valablement (4).

---

(1) L. 1, §. 2, ff. de rerum permut.
(2) L. eâd. §. 4.
(3) L. 3, cod. de rerum permut.
(4) L. 1, §. 3, ff. eod.

On doit garantir de l'éviction de la chose donnée en échange, de la même maniere qu'on doit garantir de l'éviction de la chose vendue (1); & les actions qui résultent de l'acte d'échange sont les mêmes que celles qui sont fondées sur le contrat de vente. De l'éviction.

Il y a lieu à l'action redhibitoire, ou estimatoire pour raison des vices qui diminuent la valeur des choses données en échange, dans les mêmes cas que pour les vices des choses vendues (2). De la redhibition.

Quant aux autres regles relatives à l'acte d'échange, elles sont les mêmes que les regles établies pour l'acte de vente (3). L'on n'a qu'à consulter les deux articles précédens.

(1) L. 1, §. 1, cod. de rerum permut.
(2) L. 19, § 5, ff. de ædilitio edicto.
(3) L. 2, cod. de rerum permut.

## SECTION III.

### ARTICLE I.

### *Du contrat de bail ou de louage.*

Le bail ou louage est un contrat du droit des gens qui s'accomplit par le consentement des Parties, en vertu duquel une personne loue son travail, ou la jouissance d'un meuble ou d'un immeuble à une autre personne, sous le paiement d'une certaine somme.

On appelle ordinairement *bail à ferme*, le bail d'un fonds de campagne, & *louage*, le bail d'une maison, d'un travail ou d'un ouvrage à faire. On appelle *bailleur* celui qui donne à bail, *locateur* celui qui loue. On appelle *preneur* ou *conducteur*, celui auquel on donne à bail un immeuble de campagne, & *locataire* celui qui tient une maison à louage. Malgré la différence de signification de ces termes, nous nous servirons souvent indifféremment des uns ou des autres, en rapportant les regles qui sont relatives au bail de même qu'au louage, aux bailleurs de même qu'aux locateurs, aux conducteurs de même qu'aux locataires.

Le louage ressemble beaucoup à la vente, en ce que louer une propriété, c'est vendre le droit d'usage de cette propriété; c'est pourquoi les regles qui s'appliquent au contrat de vente, s'appliquent également au contrat de louage (1).

De la tacite réconduction.

On peut louer ou donner à bail une propriété par une convention expresse, ou par une convention tacite. Si après l'expiration du temps prescrit pour le louage, le locataire a continué de jouir de la propriété louée, sans en être empêché par le propriétaire, c'est une convention tacite qui renouvelle le contrat de louage qu'on appelle *tacite réconduction* (2).

La tacite réconduction met le locatair en droit de continuer sa jouissance avec

(1) L. 2, ff. locati.

(2) L. 13, §. 11, ff. eod.

cette différence, que s'il s'agit du bail à ferme d'un immeuble de campagne, la tacite réconduction a lieu pour une année entiere, & s'il s'agit du louage d'une maison ou d'une partie de maison en ville, l'effet de la tacite réconduction ne dure que tant qu'il plaît aux deux Parties (1).

Il faut observer que cette disposition du droit concernant le louage d'une maison, ne doit être suivie que dans les lieux où il n'y a point de coutume contraire; car dans la plupart des Villes, on loue ordinairement les maisons par sémestre ou par quartier. Dans ces Villes, il ne dépend pas de l'une des Parties de faire cesser la tacite réconduction avant la fin du quartier ou du sémestre.

Il ne peut y avoir lieu à la tacite réconduction, si au temps de l'expiration du bail, l'une des Parties n'étoit pas capable de consentement (2).

---

(1) L. 13, §. 11, ff. locati.

(2) L. 14, ff. eod.

La réconduction est regardée comme une nouvelle convention tacitement stipulée entre les Parties ; d'où il suit que, s'il y a eu des fidéjusseurs qui ont cautionné le locataire pour le bail, l'obligation de ces fidéjusseurs ne dure point pour le bail renouvellé par la tacite réconduction, parce que ce renouvellement est un fait étranger aux fidéjusseurs (1)

A quoi est tenu le bailleur.

Les obligations qui naissent de l'acte de bail sont, pour le bailleur, de procurer au preneur la jouissance de la chose donnée à bail ; d'où il suit que si le preneur est évincé, le bailleur doit le garantir & indemniser de tous les dommages qu'il souffre par l'éviction ; il doit aussi prendre des arrangemens avec le vrai propriétaire de la chose baillée, pour qu'il laisse jouir le preneur jusqu'à la fin de son bail. Mais si le vrai propriétaire qui s'est emparé de la chose donnée à bail, par exemple, d'une maison, ne veut pas absolument consentir & se prêter à des arrangemens, pour

(1) L. 7, cod. de. locato.

que le locataire puisse continuer sa jouissance, le locateur peut se mettre à l'abri de toute recherche de la part du locataire, en offrant de lui fournir une autre maison aussi commode que celle qu'il lui avoit louée (1).

Lorsque le locataire d'une maison n'a pu jouir d'une partie de la maison qu'il avoit louée à cause des embarras occasionnés par des réparations que le propriétaire a voulu y faire, il doit avoir remise du loyer pour cette partie de maison, à moins qu'il n'ait discontinué d'en jouir que pendant un temps peu considérable (2).

Des héritiers du bailleur.

Les héritiers du bailleur succedent à ses obligations, & ne peuvent se refuser à l'exécution du bail que le défunt avoit passé (3) : ce qui n'a lieu qu'au cas que le bailleur fût le vrai propriétaire de la chose baillée ; car s'il n'en étoit que l'usufruitier, ses successeurs ne seroient point obli-

(1) L. 9, ff. locati.

(2) L. 27, ff. eod.

(3) L. 10, cod. de locato.

gés de procurer au conducteur la continuation de la jouissance (1).

A quoi est tenu le locataire ou conducteur.

La principale obligation du locataire ou conducteur, est de payer à chaque échéance le loyer ou la rente dont on est convenu. Il est ensuite obligé d'entretenir & de conserver la chose qu'il tient à bail avec tous les soins d'un pere de famille (2).

Pour assurer en faveur du bailleur l'accomplissement des obligations du conducteur ou locataire, les fruits provenans de la propriété louée lui sont tacitement hypothéqués (3). Bien plus, il a une hypotheque tacite sur les meubles transportés & remis dans la propriété qu'il a donnée à bail, avec cette distinction que s'il s'agit d'un immeuble de campagne, le bailleur n'a une hypotheque tacite sur les meubles qui y ont été transportés, que lorsqu'il a su, & comme donné son consentement à ce qu'ils

---

(1) L. 9, ff. locat.

(2) L. 25, §. 3, ff. eod. L. 23, ff. de reg. jur.

(3) L. 24, §. 1, ff. locati.

y fussent transportés ; & s'il s'agit d'une maison en ville, les meubles & tout ce qui s'y trouve placé sont sujets à l'hypothèque tacite, quoiqu'ils y aient été placés sans que le locateur en sût rien (1).

Des sous-locataires.

Il est permis à un locataire de sous-louer la propriété qui lui a été louée, sans l'intervention ni le consentement du propriétaire (2). Il est aussi permis à un Fermier de sous-affermer ; mais on ne doit pas sous-louer ni sous-affermer pour d'autres usages, que pour ceux dont on est convenu avec le propriétaire.

Lorsqu'une propriété a été sous-louée ou sous-affermée, les biens du sous-Locataire ou du sous-Fermier ne sont point obligés en faveur du maître de la propriété louée, pour le paiement du loyer ou de la rente qui lui est due ; mais les fruits provenans de cette propriété demeurent toujours hypothéqués, comme si

---

(1) L. 5, cod. de locat.

(2) L. 6, cod. eod.

le premier Locataire ou Fermier les percevoit (1).

Il peut arriver que la propriété louée, ou les fruits en provenans périssent ou soient détériorés par des cas fortuits ou par la faute du Locataire. Si c'est par des cas fortuits ou par une force majeure (2), ni celui qui a donné, ni celui qui a reçu à bail, ne sont responsables l'un envers l'autre de cette perte ou détérioration; mais si c'est par leur faute ou par dol, ils en sont responsables (3).

Le Locataire d'une maison est responsable non-seulement des dommages qu'il a causés par son propre fait, mais aussi de ceux qui ont été causés par ses domestiques & par les autres personnes qu'il a fait habiter avec lui dans la maison louée (4).

Lorsque des cas fortuits causent la perte

---

(1) L. 24, §. 1, ff. de locati.

(2) L. 1, cod. eod.

(3) L. 9, §. 3, ff. eod.

(4) L. 11, ff. eod.

entiere de la propriété donnée à bail, cette perte étant imputée au maître de cette propriété, suivant la regle, *res perit domino*, le preneur ne doit plus payer le loyer ou la rente, parce qu'il ne jouit plus de rien; mais lorsque les cas fortuits ont seulement causé la perte des fruits que le conducteur devoit percevoir, cette perte étant à la charge du conducteur (1), il n'est pas dispensé de payer la rente.

Il y a des cas auxquels la perte des fruits provenans d'un fonds de campagne donné à ferme, sont imputés au propriétaire de ce fonds & non au Fermier; c'est-à-dire, le Fermier qui est privé de ces fruits est en droit de ne point payer la rente, ou bien de ne pas la payer en entier : cela a lieu toutes les fois que quelque événement extraordinaire a détruit ou endommagé très-considérablement une récolte de ces fruits (2), comme lorsqu'il y a eu une sécheresse ou un orage extraordinaire; mais

(1) L. 15. §. 2, ff. de locati.

(2) L. 25, §. 6, ff. eod.

si

si ces événemens n'ont occasionné qu'un dommage léger, ce dommage est à la charge du Fermier (1).

Lorsque quelqu'un loue des vases ou des tonneaux percés ou infectés de corruption, pour être employés à contenir de l'huile, du vin, ou autres choses, il est responsable du dommage que souffre le locataire par la perte ou détérioration de l'huile ou du vin qu'il a mis dans ces vases, quand même celui qui les lui a loués l'auroit fait sans mauvaise foi, & auroit ignoré les vices de la chose louée (2).

Dépenses faites par le locataire.

Le preneur ou locataire n'est pas obligé de faire les réparations qui sont nécessaires ou utiles dans la propriété louée. S'il les fait, il peut en exiger le remboursement du propriétaire (3). Le locataire peut aussi exiger le remboursement des améliorations qu'il a faites dans la propriété louée, si ces améliorations tournent au profit du pro-

(1) D. l. 15, §. 2, ff. de locati.

(2) L. 19, ff. eod.

(3) L. 55, §. 1, ff. eod.

priétaire, à moins qu'il n'ait été chargé de faire ces améliorations & ces dépenses par les conventions du bail (1).

Lorsque le locataire d'une maison a fait mettre des portes ou des croisées aux endroits de la maison où il n'y en avoit point, ou bien aux endroits où il n'y en avoit que des mauvaises, il est le maître de les ôter, quand il lui plaît. Il suffit qu'en quittant la maison louée, il la laisse dans le même état où elle étoit lorsqu'il y est entré (2).

On peut expulser le locataire de la maison louée même avant l'expiration de son bail. 1°. S'il ne paye pas le loyer, parce que, comme les obligations renfermées dans le bail sont réciproques, le locateur n'est tenu de laisser la jouissance de ce qu'il a loué, qu'en tant que le locataire remplit l'obligation qui est de son côté de payer le loyer; 2°. s'il mésuse ou fait un usage illicite de la propriété louée; 3°. si le locateur, par un événement qu'il n'avoit pas prévu, se trouve avoir besoin de se

(1) L. 55, ff. de locati.
(2) L. 19, ff. eod.

servir lui-même de la maison louée; 4°. s'il s'agit de faire des réparations nécessaires à cette maison (1); 5°. enfin les locataires ou conducteurs peuvent être expulsés de la propriété qui leur a été donnée à bail, & le bail finit lorsque le maître de cette propriété en fait la vente, à moins qu'il n'y ait une convention portant que l'acheteur laissera jouir le conducteur pendant tout le reste du temps fixé par le bail. Quant à ce dernier moyen d'expulser le locataire ou fermier de la propriété louée, il faut observer que le maître de cette propriété qui en fait la vente, est tenu de payer tous les dommages & intérêts qui sont dûs au locataire ou conducteur qui est privé par là de la jouissance du bail (2), s'il n'y a pas de convention qui oblige l'acheteur de le laisser jouir ou de l'indemniser.

De son côté le locataire peut être fondé à délaisser la propriété louée & à demander la résolution du bail, lorsqu'il a des

(1) L. 3, cod. de locato.

(2) L. 25 §. 1, ff. locati.

motifs légitimes pour cela. Tout ce qui apporte un empêchement à l'entiere & libre jouissance du locataire, est un motif suffisant pour faire cesser le bail : par exemple, lorsque par l'élévation de la maison voisine, on a ôté les jours dont le locataire avoit besoin pour l'usage qu'il avoit prétendu faire de la maison louée, il peut demander que le bail soit résolu (1).

Du louage de temps & d'industrie.

Non-seulement une personne peut donner à bail un meuble ou un immeuble qui lui appartient, mais encore elle peut louer ses œuvres ou son travail, comme nous l'avons dit : c'est ce qu'on appelle louage de temps & d'industrie. Tel est l'acte de louage par lequel un domestique s'engage à servir son maître, un ouvrier ou mercenaire s'engage de travailler pendant un certain temps (2).

Les obligations qui résultent de ces sortes

(1) L. 25, ff. locati.
(2) L. 13, ff. eod.

de louages, se réglent suivant les conventions qui ont été passées (1).

Losqu'un ouvrier ou mercenaire entreprend un ouvrage, ses obligations sont différentes, suivant la nature du marché qu'il a fait. Si c'est un marché par lequel l'entrepreneur s'est chargé de faire l'ouvrage & de le finir entiérement, il ne peut exiger aucun paiement de son travail, ni faire recevoir l'ouvrage qu'il ne soit absolument parachevé. Si c'est un marché fait à la toise par lequel on est seulement convenu avec l'ouvrier qu'il travaillera à l'ouvrage, à raison de tant par chaque toise qu'il aura faite, il n'est pas obligé d'attendre que l'ouvrage soit tout-à-fait fini pour se faire payer (2). A mesure qu'il en a fait une ou plusieurs toises, il peut en demander le payement.

---

(1) Instit. lib. 3, tit. 25, §. 5.
(2) L. 36, ff. locati.

## ARTICLE II.

### *Des baux emphytéotiques.*

Le bail emphytéotique eſt un contrat par lequel une perſonne cede à une autre le domaine utile & la jouiſſance à perpétuité d'un immeuble, ſous une redevance annuelle de grains ou d'argent ou d'autres choſes, en retenant le domaine direct & la poſſeſſion civile de cet immeuble.

On ne doit pas regarder la redevance annuelle ou le cens que payent les Emphytéotes au Seigneur direct, comme le prix du domaine utile qui leur a été cédé, mais ſeulement comme une reconnoiſſance du domaine direct.

La différence du bail emphytéotique avec le louage ou bail à ferme, conſiſte en ce que, 1°. l'un eſt à perpétuité, & l'autre n'eſt que pour un temps limité; 2°. l'un attribue le domaine utile, & l'autre attri-

(1) L. 1, cod. de locat. præd. civil.

bue seulement un droit d'usage; 3°. pour l'un on paye un cens en reconnoissance de la directité, pour l'autre on paye le prix de l'usage.

La féodalité, quoique ressemblant beaucoup au droit d'emphytéose, n'est pourtant pas la même chose. Le Seigneur direct exige une redevance annuelle, & le Seigneur féodal n'en exige aucune. Le Seigneur féodal reçoit de ses vassaux l'hommage & le serment de fidélité, & jouit encore d'autres prérogatives dont ne jouissent point les Seigneurs directs.

L'emphytéose tombe en commise, c'est-à-dire l'Emphytéote perd le domaine utile du fonds emphytéotique, lorsqu'il est en demeure de payer le cens de deux années consécutives, si c'est une emphytéose ecclésiastique (1), & de trois années, si c'est une emphytéose séculiere (2). * Mais si

De la commise.

(1) Novell. 7, cap. 3, §. 2.

(2) L. 2, cod. de jure emphyteutico.

* En France cette commise n'a lieu que lorsqu'elle a été ordonnée par le Juge, partie ap-

après que l'Emphytéote a encouru la commise par sa demeure, le Seigneur direct a reçu le paiement des arrérages du cens, ou seulement a fait la demande en justice de ces arrérages, la commise ne peut plus avoir son effet, parce qu'il dépend du Seigneur direct de choisir de deux choses l'une, ou d'exiger le paiement des arrérages qui lui sont dûs, ou de se mettre en possession du fonds emphythéotique (2). En exerçant l'une de ces actions, il est censé renoncer à l'autre.

La condition sous laquelle on donne un fonds à bail emphytéotique, est toujours que l'Emphytéote y fera des améliorations. De-là il suit que l'Emphytéote encourt la commise, lorsqu'il détériore le fonds emphytéotique, au lieu de l'améliorer (2). Mais ces détériorations ne donnent lieu à la commise, qu'en tant qu'elles sont venues du dol

pellée, & le Juge, avant de l'ordonner, doit permettre à l'Emphytéote de purger la demeure.

(1) Novell. 120, cap. 8.

(2) Novell. eâd.

ou de la faute de l'Emphytéote, quelles sont un peu considérables, & qu'elles sont relatives au fonds emphytéotique, & non aux fruits qui en proviennent.

L'emphytéose tombe aussi en commise, si l'Emphytéote en fait l'aliénation sans le consentement du Seigneur direct (1).

Lorsqu'il y a quelque impôt sur un fonds emphytéotique, c'est l'Emphytéote qui doit payer cet impôt, & non le Seigneur direct (2). La raison en est que tous les impôts sont censés être établis sur un fonds relativement aux revenus de ce fonds; & comme c'est l'Emphytéote qui perçoit les fruits du fonds emphythéotique, les impôts ne doivent regarder que lui. Des impôts.

Si quelque événement fortuit ou une force majeure causoit la destruction totale de la propriété emphytéotique, ou la détérioroit jusqu'au point de la presque détruire, cette perte seroit à la charge du Seigneur direct & de l'Emphytéote; cha- Des cas fortuits.

(1) L. 3, cod. de jur. emphyt.

(2) Arg. l. 2, ff. si ager vectigalis.

cun d'eux perdroit ses droits par la destruction du fonds qui en est l'objet; mais si le dommage étoit si peu considérable, qu'il n'eût détruit que les fruits, ou détruit peu considérablement le fonds emphytéotique, il seroit imputé à l'Emphytéote (1).

## SECTION IV.

### *De la société.*

La société est un contrat du droit des gens, par lequel deux ou plusieurs personnes établissent entre elles une communauté de biens, en joignant ensemble tout ce qui leur appartient, ou une portion de ce qui leur appartient, ou bien en s'unissant pour leur commerce ou pour leur travail.

Comment on peut contracter une société.

Il y a quelquefois une société tacite entre des personnes qui n'ont fait aucune convention expresse de s'associer, comme

(1) L. 1, cod. de jur. emphyt.

entre deux freres qui font leur commerce enſemble (1).

On peut faire une ſociété univerſelle ou particuliere. (2) Elle eſt univerſelle, lorſque les aſſociés ont mis en commun l'univerſalité de leurs biens. Elle eſt particuliere, lorſqu'ils n'ont mis en commun qu'une certaine portion de leurs biens.

On peut établir une ſociété pour quelque choſe que ce ſoit, & pour le nombre de profits qu'il plaît aux aſſociés de déſigner (3). On peut fixer la durée de la ſociété. Les aſſociés peuvent s'impoſer des conditions. On peut enfin former une ſociété pour laquelle tous les aſſociés n'apportent point le même genre de biens à mettre en commun, ou pour laquelle les uns fourniſſent de l'argent, & les autres fourniſſent ſeulement leur travail (4).

---

(1) Arg. l. 4, ff. pro ſocio.
(2) L. 5, ff. pro ſocio.
(3) L. 29, ff. eod.
(4) L. 1, eod. pro ſocio.

De quelque maniere que la ſociété ſoit établie, il faut s'en tenir aux conventions que les Parties ont ſtipulées en s'aſſociant (1).

Des profits & des pertes de la ſociété.

Lorſque la ſociété eſt univerſelle, chacun des aſſociés retire une égale portion des profits faits en commun & des profits faits en particulier par l'un des aſſociés, quand même il eût reçu ces profits en recueillant une ſucceſſion (2).

Il ſuffit, pour qu'un aſſocié puiſſe prétendre ſa portion ſur les profits de ſon aſſocié, que ces profits aient été acquis légitimement (3).

Il s'enſuit de ce que chaque aſſocié profite également du gain fait par l'un des aſſociés, qu'il doit ſupporter également les pertes & les dommages que la ſociété ou l'un des aſſociés eſſuie (4). Cette égalité de pertes & de profits ne s'applique qu'aux

(1) L. 29, ff. pro ſocio.

(2) L. 1, 2, 8 & 73, ff. eod.

(3) Inſtit. de ſocietate.

(4) L. 52, §. 3, ff. pro ſocio.

sociétés formées par ceux qui, en commencant, y ont mis chacun une égale portion; car si les portions mises en société sont inégales, les pertes & les profits doivent être inégalement partagés. Cette répartition doit être réglée relativement & à proportion de ce que chacun a mis en société, ou bien elle se regle suivant les conventions que les Parties ont expressément acceptées (1).

Comment les sociétés sont nulles.

Ces conventions peuvent être telles qu'il plaît aux Parties de les passer : une seule seroit nulle & injuste : savoir, celle portant qu'un des associés sera tenu d'une part des pertes, & ne jouira d'aucune part des profits. Cette nullité de la convention emporte la nullité de la société (2).

On ne peut lier valablement une société qui doive durer à perpétuité (3), c'est-à-dire, une société qui affecte jus-

(1) L. 29, ff. pro socio.

(2) L. eâd. §. 2.

(3) L. 70, ff. eod.

qu'aux héritiers des associés (1); mais on peut contracter une société pour durer pendant tout le temps que les associés vivront (2).

Une société qui a pour objet quelque chose d'illicite & de contraire aux bonnes mœurs, est nulle de plein droit (3). Une société est aussi nulle, lorsqu'un des associés a été engagé à s'associer par la fraude des autres, & que ceux qui l'y ont engagé, ont eu le dessein d'en faire leur dupe & de le tromper (4).

Des obligations des associés.

Comme les sociétés ne se forment qu'entre des personnes qui se confient les unes & les autres sur leur bonne foi réciproque, le premier devoir des associés est de rapporter fidélement à la société tous les profits qui doivent être en commun (5).

---

(1) L. 1, in princip. l. 59, ff. pro socio.
(2) D. L. 1.
(3) L. 3, §. 3 & l. 57, ff. eod.
(3) D. l. 3. §. 3.
(5) L. 52, §. 1, ff. eod.

Les autres devoirs des associés sont de remplir les conventions de la société & d'apporter a l'intérêt de la société la même attention & les mêmes soins qu'ils donneroient à leurs affaires propres (1).

Tout associé est obligé de réparer les préjudices qu'il a causés, soit par sa faute, soit par dol, soit en empêchant ou en négligeant quelque chose d'utile à la société (2); mais il n'est obligé à aucune réparation, si le préjudice qu'il a occasionné n'est venu que d'une faute des plus légeres (3).

Des cas fortuits.

Les événemens fortuits qui causent la perte d'une propriété appartenante à la société, qui s'est trouvée entre les mains d'un des associés, ne rendent point cet associé responsable de cette perte; mais chaque associé doit s'en ressentir relativement à la portion qu'il a dans la société. Il en est de même pour toutes sortes de pertes & de

(1) L. 72, ff. pro socio.
(2) L. 51, §. 1 & 2, ff. eod.
(3) L. 72, ff. eod.

détériorations causées par des cas fortuits (1).

Comment la société se dissout.

La société se dissout de plusieurs manieres. 1°. Elle se dissout par le décès d'un des associés, même à l'égard des associés qui survivent, à moins qu'il n'y ait une convention contraire (2). 2°. Elle se dissout par la mort civile ou par la cession de biens d'un des associés (3). 3°. Par la perte totale des biens mis en société. 4°. Lorsque l'affaire qui seule avoit été l'objet de la société est terminée (4). 5°. Lorsqu'une extrême pauvreté est survenue à un des associés, elle le dispense de s'occuper de la société (5). 6°. Lorsqu'un des associés devient insensé, son curateur a le pouvoir de dissoudre la société, & les autres associés ont aussi le pouvoir de la dis-

(1) L. 52, §. 3, ff. pro socio.
(2) L. 59 & 65, §. 9, ff. eod.
(3) L. 63, §. 10, ff. eod.
(4) L. 65, §. 10, ff. eod.
(5) L. 4, §. 1, eod.

ſoudre (1), parce que la démence eſt regardée à cet égard comme une mort civile. 7°. La ſociété ſe diſſout par le conſentement des Parties (2). 8°. Enfin, il eſt permis à chacun des aſſociés de renoncer à la ſociété, quand il lui plaît, à moins qu'il ne faſſe ſa rénonciation dans un temps auquel elle eſt pernicieuſe à la ſociété, ou à moins qu'il ne la faſſe dans le deſſein de priver la ſociété de quelque profit, & de ſe procurer ce profit à lui ſeul (3).

## SECTION V.

### *Des mandats ou procu ations.*

LE mandat ou procuration eſt un contrat qui s'accomplit par le conſentement des Parties, & par lequel une perſonne eſt chargée de gérer les affaires d'une autre.

(1) L. 7, cod. pro ſocio.
(2) L. 63, §. 10, ff. eod.
(3) L. 14, ff. eod.

Comment on constitue valablement un Procureur.

On peut établir un Mandataire ou Procureur par acte public ou privé, par une lettre missive, ou par l'entremise d'un tiers qui se charge de la part du constituant de faire savoir au Procureur sa constitution (1).

Le mandat se fait quelquefois tacitement : par exemple, celui qui laisse faire à un tiers dans son bien certaines choses, que ce tiers n'a point droit de faire sans en avoir le mandat, si ces choses sont utiles, ou nécessaires, ou paroissent telles, est censé approuver tout ce qu'a fait ce tiers, & lui en avoir donné un mandat tacite (2). De même, celui qui s'est rendu caution d'un débiteur au su de ce débiteur, est censé en avoir reçu un mandat tacite ; & en vertu de ce mandat, lorsqu'il a payé la somme qui est l'objet de son cautionnement, il peut agir contre

(1) L. 1, §. 1, ff. de Procurator.

(2) L. 6, §. 2, l. 18, ff. mandati, l. 60, ff. de regul. jur.

le débiteur pour en être rembourfé (1).

Si quelqu'un ratifie ce qui a été fait dans fes affaires, fans qu'il en eût donné le mandat, il s'oblige par-là comme s'il avoit donné le mandat (2).

La procuration eft générale ou fpéciale (3), judiciaire ou extrajudiciaire. Si les pouvoirs qu'elle attribue s'étendent généralement fur tous les biens du conftituant, elle eft générale; fi ces pouvoirs n'ont été donnés que pour un objet particuliérement défigné, elle eft fpéciale.

La procuration judiciaire eft celle qui fe donne à un Procureur pour la pourfuite d'un procès. Celle-là n'eft point gratuite.

La procuration extrajudiciaire eft celle qu'on donne à un tiers qui n'a point de qualité publique pour cela, en lui confiant la geftion de fes affaires, comme la per-

---

(1) L. 6, cod. mandati.

(2) L. 60, ff. de reg. jur.

(3) L. 1, §. 1, ff. de procurator.

ception de ses revenus ou le soin de ses biens ruraux. Celle-ci doit être gratuite.

Cependant on peut constituer un Procureur, avec promesse de lui payer une certaine somme, sous le titre de gratification (1) ou de salaire (2). Il s'ensuit seulement que toutes les fois que la procuration n'est pas gratuite, elle est regardée comme un louage (3).

Pour que la procuration soit valable, elle doit être acceptée par le constitué, personne n'étant obligé de se charger des affaires des autres contre son gré (4).

Il dépend des Parties qui interviennent dans un acte de procuration, d'y ajouter toutes les conventions que bon leur semble, d'y apposer des conditions, & de fixer la durée des pouvoirs du constitué (5).

L'objet de la procuration doit être hon-

(1) Arg. l. 7, ff. mandati.

(2) L. 1, cod. mandati.

(3) L. 1, §. ult. ff. mandati.

(4) L. 8, §. 1, ff. de Procurat.

(5) L. 1, §. 3, ff. mandati.

nête & licite; car s'il étoit contraire aux loix ou aux bonnes mœurs, la procuration feroit nulle (1).

La loi défend expreffément aux Avocats & aux Procureurs qui fe chargent d'un procès dont le conftituant craint un mauvais fuccès, de convenir avec lui qu'ils auront une telle portion de ce qui eft en conteftation, au cas qu'ils gagnent le procès (2). Cette convention eft regardée comme contraire aux bonnes mœurs (3).

Quels font les pouvoirs des Procureurs ou mandataires.

Les Procureurs univerfels ou particuliers, quels qu'ils foient, doivent fe renfermer exactement dans les bornes qui leur ont été prefcrites par le conftituant, & ne peuvent rien faire qui foit valable, en allant au-delà des pouvoirs qu'ils ont reçus (4). Ceux même qui ont reçu un pouvoir général & indéfini, font affujettis à demander à celui qui les a conftitués,

(1) L. 6, §. 3, ff. mandati.

(2) L. 7, ff. eod.

(3) Ibid.

(4) L. 5, ff. eod.

ſon approbation expreſſe, pour certaines choſes qui ne ſont jamais cenſées compriſes dans un mandat univerſel : par exemple, lorſqu'il y a lieu de prêter ſerment en Juſtice ſur la vérité d'un fait (1), ou de faire des réponſes judiciaires à des articles ou interrogatoires (2), il faut qu'il y ait ou une procuration particuliere à cet effet, ou la ratification de la partie : obſervez qu'on ne peut faire de pareilles procurations que dans les cauſes civiles pécuniaires (3), & non dans les cauſes criminelles.

Lorſque le pere, en qualité de Procureur général de ſa fille, veut agir en répétition de ſa dot, il ne peut le faire ſans que ſa fille lui en ait expreſſément donné ſon approbation (4).

Le Procureur conſtitué par une procuration générale, a le pouvoir d'agir contre

(1) L. 39 & ſeq. ff. de Procurator.

(2) L. eâd.

(3) L. 26, cod. de Procurator.

(4) D. l. 39, §. 3.

les débiteurs de celui qui l'a constitué, & d'en recevoir paiement (1). Il a aussi le pouvoir de déférer le serment en justice à l'adversaire du constituant, lorsque le cas y échoit (2). Il ne lui est pas permis de passer des actes portant donation ou abandon des biens qu'il administre. Il ne lui est pas même permis de transiger (3) relativement à ces biens, ni d'en faire l'aliénation sans un mandat exprès. Il peut seulement vendre les fruits qu'il a perçus, & toutes les autres choses qui risqueroient de se gâter & de se détériorer si on ne les vendoit pas (4).

Mais lorsque le constituant a voulu expressément que son Procureur général eût l'entiere liberté de faire tout ce qu'il lui plairoit, & qu'il lui a donné un pouvoir appellé *cum liberâ*, il peut passer des transactions ou autres conventions (5), & faire

(1) L. 11, ff. de pactis.

(2) L. 17, §. 3, ff. de jurejurando.

(3) L. 60, ff. de Procurat.

(4) L. 63, ff. eod.

(5) L. 10, ff. de pactis.

les aliénations (1) qui lui paroiſſent néceſſaires ou utiles pour l'avantage de celui qui l'a conſtitué.

Un Procureur ſpécial établi pour paſſer un acte de vente, eſt cenſé établi pour recevoir le prix de la vente (2).

Les Procureurs, ſoit univerſels, ſoit particuliers, ne ſont jamais cenſés avoir excédé les bornes de leurs pouvoirs, lorſqu'ils ont contracté d'une maniere plus avantageuſe que celle qui leur avoit été preſcrite par la perſonne qu'ils repréſentent (3).

Les pouvoirs du Procureur judiciaire ſont bornés à la pourſuite du procès dont il eſt chargé. Il ne peut paſſer au nom de ſa partie aucune convention, ni aucune tranſaction relativement au procès, à moins qu'il n'en ait reçu le mandat exprès (4).

---

(1) L. 58, ff. de Procurat. l. 9, §. 4, ff. de acquir. rer. domin.

(2) L. 35, ff. de ſolutionibus.

(3) L. 5, §. 5, ff. mandati.

(4) L. 13, ff. de pactis, l. 7, cod. de tranſact.

Les obligations que les Procureurs contractent en acceptant la procuration, sont d'administrer avec soin les biens qui leur sont confiés, de rendre compte de leur administration, de remettre au constituant les fruits qu'ils ont perçus (1), & de réparer les préjudices qu'ils ont occasionnés, soit par dol, soit par trop de négligence, soit par des fautes graves, & même par des fautes légeres (2).

A quoi sont tenus les Procureurs.

Ils ne sont point responsables des pertes & des dommages arrivés par des cas fortuits (3), à moins qu'ils ne se soient chargés expressément du péril de tout événement (4), parce que, comme il ne doit rien tourner à leur profit des biens qu'ils administrent, il est aussi juste qu'ils ne souffrent aucun préjudice pour raison d'une administration qu'ils ont remplie de bonne foi (5).

Des cas fortuits.

(1) L. 10, §. 2, ff. mandati.

(2) L. 11 & 13, cod. mandati.

(3) D. l. 13.

(4) L. 39, ff. eod.

(5) L. 20, ff. eod.

A quoi est tenu le constituant.

Les obligations du constituant sont de rembourser au mandataire toutes les dépenses qu'il a faites de bonne foi, pour accomplir son mandat, ainsi que celles qu'il a faites pour l'entretien & la conservation de la chose qui lui avoit été confiée (1). Le mandataire doit même être remboursé des frais qu'il a payés d'un procès dans lequel le constituant a subi une Sentence contraire (2).

Un Procureur judiciaire ou extrajudiciaire, qui a fourni les frais de la poursuite d'un procès qu'il a gagné, peut, en cas que celui qui l'a constitué, se trouve insolvable, obtenir du Juge un décret portant que ces frais, qui doivent être payés par la Partie condamnée, lui soient remis à lui-même, & non au constituant (3).

Comment cessent les pouvoirs donnés aux Mandataires ou Procureurs.

Les pouvoirs donnés par un mandat ou procuration, finissent par la mort du consti-

(1) L. 27, §. 4, l. 56, §. 4, ff. mandati.

(2) L. 4, cod. eod.

(3) L. 30, ff. de Procurat.

tuant & n'affectent point ses héritiers (1). Ils finissent par la mort du mandataire ou Procureur (2). Ils finissent, lorsque l'affaire, en vue de laquelle la procuration a été passée, est terminée. Ils finissent aussi lorsque le constituant révoque la procuration (3). Enfin, les pouvoirs d'un Mandataire ou Procureur cessent, lorsqu'il se décharge de la procuration ; car il lui est libre de s'en décharger quand il lui plaît : il doit seulement le faire savoir à celui qui l'a constitué. Cependant, s'il se décharge de la procuration dans un temps précisément auquel cela peut être nuisible au constituant, temps que l'équité ne permet pas de choisir, il est tenu de tous les dommages & intérêts auxquels il donne lieu (4).

Observez néanmoins que le Mandataire ou Procureur peut se décharger du mandat, toutes les fois qu'il arrive des circons-

(1) L. 15, cod. mandati.
(2) L. 27, §. 3, ff. mandati.
(3) L. 12, §. 16, ff. eod.
(4) L. 22, §. 11, ff. eod.

tances imprévues qui font que, s'il exécutoit le mandat, il souffriroit un préjudice considérable (1).

## SECTION VI.

### *Des transactions.*

La transaction est une convention par laquelle les Parties reglent les différends qui sont entre elles, pour prévenir ou terminer un procès.

Quelles personnes peuvent transiger.

Toute personne capable d'engagemens a le droit de transiger par elle-même ou par Procureur.

Un Procureur qui a reçu des pouvoirs universels *cum liberâ*, c'est-à-dire, des pouvoirs qui le mettent en tout à la place du constituant, peut transiger en son nom (2); mais un Procureur *ad lites* n'a pas le droit de transiger, relativement aux contestations qui sont l'objet du procès qu'il est chargé de poursuivre (3).

(1) L. 22, ff. mandati.

(2) L. 10 in fine, & seq. ff. de pactis.

(3) L. 7, cod. de transact.

Lorſqu'il s'agit d'une tranſaction, où l'on veut renoncer en tout ou en partie à des alimens qui ont été laiſſés par teſtament ou par quelque autre diſpoſition de derniere volonté, on ne peut la paſſer ſans y être expreſſément autoriſé par un décret du Juge (1), à moins qu'on ne tranſige relativement à des alimens dûs pour un temps paſſé (2). Des tranſactions ſur des alimens.

On doit obſerver pour les pactes & conventions que renferment les tranſactions, les mêmes regles que pour ceux qui ſont inſérés dans les autres contrats; ainſi, on peut y paſſer toutes ſortes de conventions qui ne ſont point contraires aux loix ou aux bonnes mœurs. Des conventions qu'une tranſaction peut renfermer.

L'effet des tranſactions eſt de terminer les procès, & les tranſactions ont la même force que les jugemens (3). Effets des tranſactions.

Lorſqu'un débiteur s'eſt libéré de ſa dette par une tranſaction, cette libération a

---

(1) L. 8, §. 2, ff. de tranſact.

(2) L. 8, cod. eod.

(3) L. 20, cod. eod.

lieu vis-à-vis de la caution du débiteur ; mais lorsque la caution s'est libérée de son cautionnement en transigeant avec le créancier, cela ne libere en aucune façon le débiteur, à moins que ce que la caution a payé ne soit à compte de la dette pour laquelle le principal débiteur étoit obligé (1). Dans ce cas, le paiement fait par la caution opere aussi la libération du débiteur envers le créancier.

Comment les transactions sont nulles.

Les transactions sont nulles & de nul effet, lorsque le procès sur lequel on transige a été jugé en dernier ressort, parce qu'il est de l'essence de la transaction d'empêcher ou de terminer un procès; c'est pourquoi si ce procès est entiérement terminé, c'est en vain qu'on transige (2).

Il suit aussi de ce que le principal but des transactions est d'extirper tous les différends qui sont entre les Parties, qu'on ne doit point revenir trop aisément contre

(1) L. 7, §. 1, ff. de transact.
(2) L. 7 & 11, ff. eod. L. 32, cod. eod.

une transaction sous des prétextes légers, parce que, dit la loi, si les transactions étoient facilement déclarées nulles, on ne pourroit guere terminer les procès par cette voie (1). Par conséquent une transaction passée de bonne foi, quoique les Parties aient ignoré l'existence d'un titre relatif à la transaction, & qui n'a été découvert qu'après qu'elle a été passée, est valable & ne peut être annullée, si ce titre n'est relatif qu'à une légere partie de ce qui étoit l'objet de la transaction (2).

Si les Parties avoient réglé plusieurs articles de leur transaction, sur des pieces fausses, & dont la fausseté n'a été découverte qu'après que la transaction a été passée, elle pourroit être rescindée quant aux articles réglés sur ces pieces découvertes fausses, & elle subsisteroit quant aux articles réglés indépendamment de ces pieces (3).

Lorsque le titre de l'objet principal de

(1) L. 10, cod. de transact.

(2) L. 19 & 29, cod. eod.

(3) L. penult cod. eod.

la transaction a été ignoré : par exemple, lorsqu'on a transigé sur un fidéicommis ordonné par un testament, & qu'on a trouvé ensuite des codicilles qui révoquent ce fidéicommis, la transaction est nulle (1).

La transaction est également nulle, lorsqu'elle a été passée avec quelqu'un qui y a pris une qualité qu'il n'avoit point, & si l'on a transigé relativement à cette qualité, comme si on avoit transigé relativement à une hérédité avec quelqu'un que l'on croyoit l'héritier & qui ne l'étoit pas (2).

Quoique les actes de transaction ne soient pas aussi facilement annullés que les autres actes qui s'accomplissent par le consentement des Parties, il n'est pas moins vrai que les mêmes motifs qui vicient les autres actes, annullent aussi les transactions, à l'exception de la lésion qui n'est pas un motif de nullité pour les transactions, lorsque cette lésion n'est pas

(1) L. 3, §. 1, & L. 11 ff. de transact.
(2) D. l. 3, §. 2.

l'effet

l'effet d'aucun dol ni violence (1); ainsi la transaction est nulle lorsque les Parties y ont été induites par dol (2), ou par quelque erreur considérable (3), & lorsqu'elles ont été forcées à transiger par des violences ou par des menaces (4).

Pour reconnoitre quelles sont les violences, ou l'erreur, ou le dol qui peuvent opérer la nullité des transactions, l'on n'a qu'à voir ce qui a été dit en parlant des obligations en général *.

---

## SECTION VII.

### *Des Compromis.*

LE compromis est un contrat par lequel les Parties choisissent un ou plusieurs ar-

---

(1) Arg. L. 78, §. ult. ff. ad Senat. Trebell.

(2) L. 13 & 30, cod. de transact.

(3) Arg. l. 3, ff. eod.

(4) L. 13, cod. eod.

* Dans cette partie, chap. 1, sect. 2.

bitres auxquels elles remettent le jugement d'un procès ou d'une contestation, en s'obligeant à exécuter leur jugement, ou bien à subir quelque peine en cas d'inexécution.

Quelles personnes peuvent compromettre.

Tous ceux qui ont le droit de gérer leurs affaires & d'ester en jugement, ont le droit de compromettre leurs differens; ainsi un pupille ne peut passer un compromis sans l'assistance de son tuteur, ni un mineur sans l'assistance de son curateur.

Quelles personnes peuvent être prises pour arbitres.

On peut choisir pour arbitre ou compromissaire quelle personne que ce soit, dont la raison est présumée assez mûre pour l'intelligence des contestations qu'il faut décider; on ne peut donc pas nommer pour arbitres les pupilles ni les insensés (1). On ne peut non plus nommer des femmes pour arbitres (2) : les loix ont jugé qu'elles ne doivent s'occuper que des soins domestiques, à cause de la foiblesse de leur sexe.

Personne ne peut être arbitre dans sa

(1) L. 9, §. 1, ff. de recept. qui arbitr.
(2) L. ult. cod. eod.

propre cause, ou dans la cause d'autrui où il a quelque intérêt (1). Cependant un fils de famille peut être arbitre même dans les affaires de son pere, pour lesquelles il n'a aucun intérêt personnel, quoiqu'il soit présumé y prendre l'intérêt qu'un fils prend pour son pere : il est en cela autorisé par le consentement de toutes les Parties qui, malgré cette présomption, ne l'ont pas cru capable de partialité (2).

Comment se passent les compromis.

Les compromis se passent de la même maniere que les autres actes, c'est-à-dire, il est permis aux Parties d'y insérer tous les pactes que bon leur semble, d'y fixer la durée des pouvoirs qu'ils attribuent aux arbitres, de leur accorder la faculté de proroger la durée de ces pouvoirs, & de faire dépendre d'une condition l'effet du compromis. Il faut observer sur cela, que chaque convention doit être clairement énoncée, ainsi que chaque objet qu'on veut faire régler par les arbitres, parce

(1) L. 51, ff. de recept. qui arbitr.

(2) L. 6, ff. eod.

qu'ils n'ont de pouvoirs que ceux que les Parties leur ont expressément attribué (1).

C'est inutilement que le compromis a été passé, si les arbitres ne l'ont point accepté. Comme ils ne sont pas obligés à juger, tant qu'ils n'ont pas consenti au choix qu'on a fait d'eux, les Parties à leur tour ne sont point liées par le compromis, tant que le choix qu'elles ont fait n'a pas été agréé par les arbitres (2).

Quel peut être l'objet d'un compromis.

Toutes sortes de contestations qui sont ou peuvent devenir la matiere d'un procès, peuvent être compromises, à l'exception de celles qui sont relatives à l'état d'un homme, à la légitimité de sa naissance, ou à sa liberté (3).

Il faut aussi excepter les affaires qui intéressent le public (4), & les affaires criminelles, parce qu'il n'appartient qu'au Juge public de prononcer des punitions &

(1) L. 21, §. 6, ff. de recept. qui arbitr.

(2) L. 3, §. 1, ff. eod.

(3) L. 32, §. 7, ff. eod.

(4) L. eâd.

de juger sur les adulteres, les vols & les meurtres : les compromis passés sur pareils objets sont nuls & de nul effet (1).

Quels sont les effets du compromis relativement aux Parties, & relativement aux arbitres.

L'effet du compromis quant aux Parties qui l'ont passé, est de les obliger à exécuter la Sentence arbitrale ; car il n'y a point d'appel d'une Sentence rendue par des arbitres en vertu d'un compromis (2) *.

Il est permis aux Parties de stipuler dans le compromis une peine aussi forte qu'il leur plait. Par exemple, elles peuvent convenir que la Partie, qui ne voudra pas accomplir la Sentence des arbitres, perdra tout ce qui lui est dû en vertu des titres sur lesquels les arbitres doivent juger. Mais il faut que cette stipulation soit réciproque, c'est-à-dire, il faut que les Parties puissent encourir la même peine chacune de leur côté (3).

(1) L. 32, §. 6, ff. de recept. qui arbitr.

(2) L. 1, cod. eod.

* En France on reçoit l'appel aux Cours supérieures des Sentences arbitrales.

(3) L. 11, §. 3, ff. eod.

L'effet du compromis, quant aux arbitres qui l'ont accepté, est de les obliger à rendre leur jugement (1), à moins qu'il ne leur survienne des motifs légitimes pour s'en excuser. Les motifs recevables qui excusent un arbitre & le dispensent de juger, sont 1°. des inimitiés capitales survenues entre lui & quelqu'une des Parties; 2°. des empêchemens causés par quelque maladie ou par son âge avancé; 3°. des occupations indispensables pour ses propres affaires ou pour celles de l'état (2); 4°. si une des Parties a fait cession de biens depuis le temps du compromis (3), cela dispense les arbitres de juger.

Lorsque plusieurs arbitres ont été nommés par le même compromis, ils doivent tous juger ensemble, ou du moins la pluralité des arbitres doit juger en présence

(1) L. 3 & 32, §. 12, ff. de recept. qui arbitr.

(2) L. 15 & 16, ff. eod.

(3) L. 17, ff. eod.

des autres, sans quoi, le jugement est nul (1).

Comment finissent les pouvoirs des arbitres.

Les pouvoirs des arbitres finissent par l'expiration du temps que le compromis a fixé, par la mort d'un des arbitres ou d'une des Parties, par un accord unanime des Parties (2), & lorsque le jugement arbitral a été rendu.

Il suit de ce que le pouvoir des arbitres finit aussi-tôt qu'ils ont jugé, qu'ils ne peuvent rétracter ni réformer leur Sentence d'aucune maniere : ce qui s'entend de la Sentence définitive (3) & non des Sentences interlocutoires.

Lorsque le compromis accorde aux arbitres la faculté de proroger la durée de leurs pouvoirs (4), tout ce qui se fait durant le temps de la prorogation est valable, & tout ce qui se fait au-delà de ce temps est nul (5).

(1) L. 17 & 18, ff. de recept. qui arbitr.
(2) L. 32, §. 3, in fine, ff. eod.
(3) L. 19 & 20, ff. eod.
(4) L. 25 & 33, ff. eod.
(5) L. 1, cod. eod.

## SECTION VIII.

### *Des obligations qui naissent des quasi-contrats.*

APRÈS avoir traité des obligations qui résultent des divers contrats, nous ne pouvons passer sous silence les obligations qui naissent des *quasi*-contrats. Nous ne rapporterons que peu de regles concernant ces sortes d'obligations, parce que nous avons traité ailleurs la plupart des matieres qui regardent les *quasi*-contrats.

Le consentement des Parties a une convention, & l'objet qui donne lieu à cette convention forment l'essence de tous les contrats.

Un contrat sans objet ou sans cause ne produit aucune obligation (1), quoique les Parties y ayent donné leur consentement; mais s'il existe la cause d'une obligation, sans qu'il ait été prêté aucun consentement par les Parties, cette cause seule

(1) L. 1, cod. de recept. qui arbitr.

peut produire des obligations contre chacune des Parties, & ces obligations leur sont imposées par les loix, quoique souvent elles ignorent comment ces obligations leur sont imposées. Les faits qui donnent lieu à ces obligations sont appellés des *quasi*-contrats. Parcourons chacun de ces *quasi*-contrats en particulier.

*Du Quasi-contrat negotiorum gestorum.*

L'administration des affaires d'un absent est un *quasi*-contrat duquel il résulte, que celui qui s'est trouvé absent, est tenu d'approuver & d'agréer l'administration dont on a bien voulu se charger pour son utilité, autrement il peut y être forcé par celui qui a administré, en vertu de l'action *negotiorum gestorum* (2).

Cette action a même lieu contre les pupilles & les mineurs, pour les obliger à ratifier la gestion dont on s'est chargé pendant leur absence, si cette gestion a tourné à leur profit (3).

---

(1) L. 7, § 4, ff. de pactis.
(2) L. 2, ff. de negot. gest.
(3) L. 2, eod. eod.

Celui qui a géré les affaires d'une personne qui est absente, ne peut exercer contre elle l'action *negotiorum gestorum*, qu'au cas qu'il ait géré ces affaires à son insu, mais non s'il les a gérées contre la volonté expresse de cette personne (1).

Non-seulement celui dont les affaires ont été gérées pendant son absence doit ratifier cette gestion, mais encore il doit rendre à celui qui les a gérées toutes les dépenses nécessaires ou utiles qu'il a faites dans le cours de sa gestion (2), à moins qu'il n'ait fait ces dépenses par des motifs d'affection, & non dans l'intention d'en être remboursé (3).

C'est en vertu de l'action *negotiorum gestorum*, que les curateurs peuvent demander le remboursement des dépenses qu'ils ont faites, en gérant les affaires des mineurs ou insensés (4).

---

(1) L. ult. cod. de negot. gest.

(2) L. 2, ff. eod.

(3) L. 1 & 11, cod. eod.

(4) L. 3, §. 5, ff. eod.

L'administrateur volontaire est tenu de son côté de délaisser la possession de tous les biens qu'il a administrés, à celui qui en est le propriétaire, de lui remettre tous les fruits qu'il a perçus provenans de ces biens, & de réparer le préjudice qu'il a causé par dol, ou par sa faute, soit que la faute vienne de lui-même, soit qu'elle ait été commise par ceux qu'il a employés pour l'aider dans son administration (1). Il est en outre tenu de rendre un compte exact de tous les détails de son administration (2).

Si la perte ou la détérioration de la chose administrée en l'absence du propriétaire, est arrivée par des cas fortuits, cette perte ou détérioration doit s'imputer au propriétaire & non à l'administrateur (3), suivant le principe du droit *res perit domino*.

L'administration de la tutelle est un autre De l'administration de la tutelle.

(1) L. 2, 3, 11 & 21, §. 3, ff. de negot. gest.

(2) L. 2, ff. eod.

(3) L. 10, ff. eod. L. 22, cod. eod.

*quasi*-contrat dont les effets sont absolument les mêmes que ceux du précédent (1).

Le tuteur s'oblige par la seule acceptation de la tutelle, de rendre compte de son administration & d'en payer le réliquat, lorsque la tutelle sera finie, en retenant toutes les dépenses légitimes qu'il aura faites pour les affaires du pupille (2). Il s'oblige aussi d'apporter aux affaires du pupille tous les soins d'un pere de famille; de sorte qu'il doit réparer tous les dommages causés par négligence, par fraude, & par des fautes même les plus légeres (3).

Lorsqu'il y a plusieurs tuteurs du même pupille, ils sont tous obligés solidairement en faveur du pupille, pour la réparation des torts qui lui ont été causés par la mauvaise administration de l'un d'eux (4). Mais

(1) L. 5, §. 1, ff. de obligat.

(2) L. 3, cod. de administ. tutor. L. 1, §. 9, ff. de tutelæ & rationib. distrah.

(3) L. 7, cod. arbitrium tutelæ.

(4) L. 55, ff. de admin. & peric. tutor.

si ces tuteurs ont été chargés chacun de gérer une portion distincte des biens du pupille, qui leur a été assignée par le testateur, ou par le Magistrat qui les a nommés tuteurs (1), ils sont seulement tenus de leur propre fait. Quant aux autres obligations des tuteurs ou des curateurs, voyez la premiere partie.

Lorsque plusieurs personnes ont quelque intérêt ou quelque droit commun entre elles sur la même chose, cela est regardé comme un *quasi*-contrat, qui attribue à chacune de ces personnes une action contre les autres, pour les obliger au partage de la chose commune, quelque soit le titre qui la rende commune, ou un testament, ou une donation, ou un acte de vente (2). Des biens qui sont à partager.

Cette action est appellée en droit *actio familiæ ercifcundæ*, lorsqu'il s'agit du partage d'une hérédité entre plusieurs co-hé-

(1) L. 46, §. 6, ff. de adm. & peric. tut. L. 1 & 2, cod. de dividend. tutel.

(2) L. 5, cod. communia utriusque judic.

ritiers. Elle est appellée *actio communi dividundo*, lorsqu'il s'agit du partage de tout autre bien commun.

Dans tous les partages des biens qui sont communs à plusieurs personnes, chacune doit supporter également les pertes & les détériorations qui sont arrivées dans quelqu'un des biens à partager, soit par des cas fortuits, soit autrement, & doit contribuer, à proportion de la part qu'elle prétend, aux dépenses légitimes qui ont été faites relativement à ces biens (1).

Le partage doit être fait de bonne foi & sans fraude ; autrement celui qui a été séduit ou trompé peut demander la rescision de l'acte de partage, quand même il auroit été majeur dans le temps qu'il a contracté (2).

On sait que l'équité doit régner dans tous les actes ; mais le droit civil exige encore plus d'équité pour l'acte de partage que pour l'acte de vente & autres qui

---

(1) L. 19, cod. familiæ ercisc.

(2) L. 3, cod. communia utriusq. judic.

s'accompliſſent par le conſentement des Parties, puiſque ces actes ne peuvent être reſcindés que pour une léſion d'outre moitié, & l'acte de partage peut être reſcindé pour une léſion qui excede ſeulement le quart du prix de la choſe due *.

Lorſqu'un mineur a été trompé ou léſé dans un acte de partage, il peut en demander la reſciſion pour quelque léſion que ce ſoit (1).

Du paiement d'une choſe due.

Le paiement d'une choſe non due eſt auſſi un *quaſi*-contrat qui donne une action pour revendiquer la choſe payée & qu'on ne devoit pas. Voyez ce que nous avons dit au ſujet du paiement d'une choſe non due, Section 4, chap. 4.

Du quaſi contrat *promutuum*.

On appelle *promutuum* le *quaſi*-contrat par lequel celui qui reçoit une ſomme d'argent ou des choſes fongibles qui lui ont été payées par erreur, contracte en-

---

* Voyez la fin de la Section II, chap. I de cette troiſieme Partie.

(1) L. 11, §. 3, L. 44, ff. de minoribus 25 annorum.

vers celui qui la lui a payée par erreur, l'obligation de lui en rendre autant (1).

Le *quasi*-contrat *promutuum* est implicitement contenu dans celui qui résulte du paiement d'une chose non due, & dont nous venons de parler.

Les regles qui doivent être observées à l'égard de la restitution d'une chose ainsi payée par erreur sont les mêmes que celles qui regardent la restitution du prêt de consomption, *mutuum*.

De l'adition d'une hérédité.

Enfin l'adition d'une hérédité est un *quasi*-contrat, parce qu'il résulte du seul fait par lequel on accepte une hérédité que les créanciers héréditaires & les légataires ont une action pour exiger le paiement de leurs créances ou de leurs legs (1). L'héritier s'impose même, par l'adition de l'hérédité, l'obligation de payer toutes ces créances & tous ces legs, quoiqu'ils excedent les facultés de l'héré

(1) L. 1, §. 3, ff. de oblig. & act. L. 2, §. 1, ff. de rebus credit.

(2) L. 3, §. ult. ff. quibus ex causis in possess.

dité,

dité, à moins qu'il ne l'ait acceptée sous le bénéfice d'inventaire (1). Voyez les Sections IV & V, Chap. II, Part. II.

## CHAPITRE VI.

*Comment s'éteignent les Obligations.*

LE paiement réel ou fictif, la remise de la dette & la novation sont les principaux moyens d'éteindre les obligations. Ils feront la matiere des quatre premieres Sections de ce Chapitre. La cinquieme Section contiendra les diverses autres manieres dont les obligations se détruisent.

### SECTION I.

*Du paiement réel.*

LA maniere la plus naturelle d'eteindre les obligations est de payer réellement ce qu'on est obligé de payer, ou d'accomplir réellement ce qu'on s'est obligé de faire.

(1) L. ult. cod. de jure deliberandi.

Qui peut payer.

C'est d'abord au débiteur qu'il appartient de remplir l'obligation qu'il a contractée & d'en faire le paiement : mais pour que le débiteur paie valablement, il faut qu'il soit en état de gérer ses affaires & capable d'aliéner (1). Ainsi les paiemens faits par les pupilles, les mineurs, les insensés & les interdits sont nuls : ce qui doit s'entendre seulement pour les cas auxquels les paiemens qu'ils ont faits sont à leur préjudice, & ne sont relatifs qu'à des obligations nulles, ou à des obligations qui pourroient être annullées.

Les paiemens faits au nom du débiteur, par quelqu'un qui a reçu un mandat de sa part, sont valables. * Ils sont aussi valables, s'ils ont été faits par quelqu'un qui n'avoit aucun mandat de la part du débiteur (2). Bien plus, ils sont valables,

(1) L. 14, §. ult. ff. de solution.

* Voyez dans la Section des mandats, ce qui a été dit touchant les paiemens faits par les Mandataires.

(2) L. 39, ff. de negot. gest.

quoiqu'ils aient été faits à l'insu du débiteur & malgré lui (1).

Cette regle que l'obligation peut être remplie par d'autres que le débiteur, souffre une limitation : c'est lorsqu'il s'agit dans l'obligation de quelque ouvrage à faire, que le créancier a voulu être fait par la personne obligée elle-même, à cause du talent particulier de cette personne qu'il a eu en vue, comme s'il avoit stipulé qu'un tel Architecte lui feroit bâtir une maison, ou qu'un tel Sculpteur lui feroit une statue (2) *.

On ne doit payer la dette qu'au créancier ou à ceux qui le représentent, ou à quelqu'un qui a pouvoir de lui pour recevoir, autrement le paiement ne libere point le débiteur (3). A qui on doit payer.

(1) L. 59, ff. de negot. gest. & l. 53, ff. de solut.

(2) L. 31, ff. de solut.

* Voyez pour les paiemens faits par les fidéjusseurs ou par les débiteurs solidaires, les Sections II & V, Chap. II.

(3) L. 34, §. 4, ff. eod.

On peut ſe libérer en payant au créancier de ſon créancier (1), parce qu'on fait alors la compenſation de ce qu'on devoit au créancier avec ce qu'on a payé pour le créancier.

Il eſt néceſſaire que le créancier ait la libre adminiſtration de ſes biens, pour que les paiemens qu'on lui fait ſoient valables. Si néanmoins celui qui a été payé & qui n'étoit pas capable de recevoir a profité du paiement, en employant la ſomme payée à des choſes qui lui étoient néceſſaires ou utiles, le paiement eſt valable; ce qui a lieu, quand même les choſes auxquelles il a employé la ſomme qu'il a reçue viendroient à périr dans la ſuite par quelque cas fortuit (2).

Si celui auquel on fait le paiement a un pouvoir du créancier pour recevoir, on ſe libere valablement en ſa perſonne,

---

(1) L. 6, ff. de doli mali except.
(2) L. 47, §. 1, ff. de ſolut.

quoiqu'il soit mineur ou religieux (1), parce qu'il dépend du créancier de se servir de qui bon lui semble pour exiger sa créance.

On est aussi valablement libéré en payant au tuteur ou au curateur d'un mineur ou interdit (2), & à ceux qui ont pouvoir de ce tuteur ou curateur (3).

Le paiement fait au Procureur constitué par le créancier est valable, même quand il auroit été fait après que la procuration a été révoquée, pourvu que le débiteur n'ait pas eu connoissance de cette révocation (4).

Comme les pouvoirs donnés dans une procuration cessent par la mort du constituant ou par d'autres manieres que nous avons déjà expliquées *, les paiemens faits au Procureur après la mort du constituant

---

(1) L. 4, cod. de solut.

(2) L. 14, §. 1, ff. de solut.

(3) L. 96, ff. eod.

(4) L. 12, §. 2, L. 34, §. 3, ff. eod.

* Voyez la Section des mandats.

ſont nuls (1), à moins qu'on n'ait pas ſu que le conſtituant étoit mort (2).

On ne ſe libere point en payant à un Procureur *ad lites* la ſomme qui fait le ſujet du procès que ce Procureur a été chargé de pourſuivre (3).

Quelle choſe doit être payée.

On ne peut payer au créancier une autre choſe que celle due, à moins qu'il n'y donne ſon conſentement (4). La Novelle IV, Chapitre III, permet au débiteur d'une ſomme, qui n'a ni argent ni meubles pour s'en procurer, d'obliger ſon créancier de recevoir des immeubles en paiement, ſuivant l'eſtimation qui en ſera faite, ſi mieux n'aime le créancier lui faire trouver un acheteur de ces immeubles; mais cette Novelle n'eſt pas obſervée en France.

Le paiement eſt nul, lorſque celui qui l'a fait, n'étoit point le propriétaire de

(1) L. 108, ff de ſolut.

(2) L. 32, ff. eod.

(3) L. 86, ff. eod.

(4) L. 16, eod. eod.

la chose donnée en paiement. Cette regle est une suite du principe *nemo plus juris ad alium transferre potest quam ipse habet* (1).

La chose que l'on paie doit être en bon état, autrement le créancier peut la refuser ou la rendre lorsqu'il l'a reçue, & qu'il s'est apperçu qu'elle a des défauts notables (2).

Si la chose donnée en paiement a été hypothéquée pour d'autres dettes, le débiteur n'est point libéré, s'il ne purge ces hypotheques (3).

Lorsque le débiteur a payé, du consentement du créancier, une autre chose que celle qui étoit due, & que dans la suite le créancier vient à être évincé de la chose payée, celui qui en a fait le paiement, & qui se croyoit libéré, se trouve encore obligé suivant son premier engagement (4).

Dans quel tems le paiement doit être fait.

On doit payer la dette à son échéance;

(1) L. 54, ff. de regul. jur.

(2) L. 33, in fine ff. de solut.

(3) L. 20, l. 69, & l. 98, ff. eod.

(4) L. 46, ff. eod.

mais il eſt permis de la payer avant l'échéance (1) ; parce qu'il dépend du débiteur de profiter ou de ne pas profiter du délai qui lui eſt accordé par la convention.

Lorſqu'il s'agit d'un legs payable à un mineur, mais qui n'eſt payable, ſuivant les volontés du teſtateur, que dans un certain temps, parce que le teſtateur a craint que, ſi le legs étoit payé avant ce temps, ceux qui adminiſtrent les biens du mineur ou le mineur lui-même n'en fit un mauvais emploi ou ne le diſſipât, il n'eſt pas permis à celui qui doit payer le legs de le payer avant le temps fixé (2).

Si dans le contrat que les Parties ont paſſé, elles n'ont point fixé de temps pour le paiement de la ſomme due, le paiement eſt exigible auſſi-tôt après le contrat, & à la premiere demande qu'en fait le créancier (3).

---

(1) L. 70, ff. de ſolut.
(2) L. 15, ff. de ann. legat.
(3) L. 14, ff. de reg. jur.

Quelquefois un paiement qui n'étoit pas valable, pour avoir été fait à un tiers qui n'avoit ni qualité ni pouvoir pour recevoir au nom du créancier, devient valable par la suite : c'est ce qui a lieu, 1°. Si cette personne à laquelle le paiement a été fait, est devenue l'héritiere du créancier, ou a succédé à sa créance par quelqu'autre titre (1) ; 2°. Si la somme payée a tourné dans la suite au profit du créancier (2).

Comment un paiement nul devient valable.

Si celui qui, étant mineur, a fait le paiement d'une obligation dont il auroit pu obtenir la rescision, a approuvé, quand il est devenu majeur, le paiement fait, ou l'obligation qui avoit donné lieu à ce paiement, il s'ensuit que le paiement devient valable (3).

Lorsqu'un débiteur paye une somme à un créancier auquel il est redevable de plusieurs dettes, il a le droit de choisir

Sur quoi doit-on imputer les choses payées.

(1) L. 96, §. 4, ff. de solut.

(2) L. 28, L. 34, §. 9, ff. eod.

(3) L. 3, § 1, ff. de minoribus.

ſur quelle dette il veut que cette ſomme ſoit imputée (1). S'il ne déclare point ſur quelle dette il impute cette ſomme, il dépend du créancier de l'imputer lui même, comme bon lui ſemble, dans l'acquit ou la quittance qu'il en donne (2). Cependant le créancier qui fait lui-même l'imputation de la ſomme qu'il reçoit, ne peut la faire d'une maniere préjudiciable au débiteur : il eſt tenu d'imputer le paiement de même qu'il l'imputeroit s'il étoit à la place du débiteur : ainſi, par exemple, lorſqu'il y a deux dettes dont l'une eſt litigieuſe & l'autre liquide, il ne peut faire l'imputation ſur la dette litigieuſe (3).

Toutes les fois que les Parties n'ont pas réglé enſemble ſur quelle dette le paiement que le débiteur a fait doit être imputé, l'imputation doit ſe faire ſur la dette que le débiteur avoit le plus d'intérêt à payer, par préférence à toute autre

(1) L. 1, ff. de ſolut.
(2) L. 1, cod. eod.
(3) D. L. 1, ff. eod.

dette (1), ou bien sur la dette au paiement de laquelle il pouvoit être forcé, plutôt que sur une dette pour laquelle le créancier avoit moins de droits (2), ou bien sur la dette qui procédoit d'un ancien titre, plutôt que sur la dette fondée sur un titre plus récent (3).

Lorsque le créancier refuse d'accepter le paiement que lui offre le débiteur, celui-ci peut obtenir du Juge la permission de consigner la somme qu'il a offerte, c'est-à-dire, de la déposer entre les mains d'un Officier public ou d'un tiers, & la dette est par-là aussi bien éteinte, que si elle étoit payée au créancier (4). Pour que la consignation tienne lieu de paiement, il faut 1°. que l'offre du paiement ait été faite telle que le créancier pouvoit l'exiger en vertu de l'obligation; 2°. Que les choses offertes aient été en bon état lors de l'offre 3°. Qu'on ait observé, en faisant l'offre,

De la consignation.

(1) L. 3, ff. de solut.
(2) L. 103, ff. eod.
(3) L. 102, §. 2, ff. eod.
(4) L. 9, cod. eod.

toutes les formalités judiciaires qui sont usitées (1).

## SECTION II.

### *Du paiement fictif.*

Le paiement fictif d'une dette se fait de deux manieres, par la compensation & par la délégation.

### ARTICLE I.

### *Des compensations.*

La compensation est l'extinction des obligations réciproques de deux personnes qui sont en même temps débitrices & créancieres l'une de l'autre (2).

Dans quel cas la compensation a lieu.

L'un des débiteurs ne peut obliger l'autre à accepter la compensation, si ce n'est lorsque les dettes réciproques sont de la même nature; ainsi on ne peut compenser une dette qui est liquide avec une dette qui ne

(1) L. 9, cod. de solut.

(2) L. 1, ff. de compensat.

l'eſt pas (1), ni une dette dont le paiement n'eſt pas échu avec une autre dont le paiement eſt échu (2), ni une dette établie ſur un acte d'obligation avec une dette pour cauſe de dépôt (3).

Peu importe que les dettes qu'il s'agit de compenſer procedent de différens titres; ainſi l'on peut compenſer une dette à laquelle on a été condamné par Sentence (4), avec une dette fondée ſur un acte d'obligation.

Il eſt de regle qu'on ne peut compenſer que pour ſes propres créances; c'eſt pourquoi un débiteur ne peut pas obliger ſon créancier d'accepter la compenſation de ce que le créancier doit à un tiers, quand même ce tiers interviendroit & conſentiroit à la compenſation (5). Cependant un fidéjuſſeur peut oppoſer au créancier du

(1) L. ult. §. 1, cod. de compenſat.
(2) L. 7, ff. eod.
(3) L. 11, cod. depoſiti.
(4) L. 2, cod. de compenſat.
(5) L. 18, §. 1, ff eod.

débiteur qu'il a cautionné, la compensation non-seulement de ce que ce créancier lui doit à lui-même, mais encore de ce que ce créancier doit au débiteur principal (1).

Il faut que la dette qui est opposée en compensation soit due par la personne même à laquelle on l'oppose ; ainsi on ne pourroit opposer en compensation à un tuteur la dette du mineur dont il gere la tutelle (2).

On peut opposer en compensation de ce qui est dû dans un lieu, une somme due dans un autre lieu, en faisant raison du préjudice que celui auquel on l'oppose, peut souffrir de ne pas recevoir son paiement dans le lieu convenu (3).

De celui qui pouvant compenser a payé.

Si quelqu'un pouvant se dispenser de payer la dette, en faisant une compensation, l'a néanmoins payée, il peut répéter ce qu'il a payé *condictione indebiti* (4).

(1) L. 5, ff. de compensat.

(2) L. 23, ff. eod.

(3) L. 15, ff. eod.

(4) L. 10, §. 1, ff. eod.

Des effets de la compensation.

La compenſation ſe fait de plein droit ; & quoiqu'il n'exiſte aucune preuve que les Parties ont compenſé, la compenſation eſt toujours préſumée (1) ; d'où il ſuit que, ſi deux perſonnes ſont réciproquement redevables l'une envers l'autre, & que l'une de ces perſonnes doive une ſomme portant intérêt, & l'autre doive une ſomme qui n'en porte point, la compenſation empêche qu'aucune d'elles puiſſe prétendre des intérêts (2), parce qu'au moyen de ce, la dette portant intérêt ſe trouve acquittée.

---

## ARTICLE II.

### *De la délégation.*

LA délégation ſe fait, lorſqu'un débiteur charge un tiers de payer pour lui, ſous l'acceptation de ce tiers, & du conſentement du créancier (3).

---

(1) L. 21, ff. de compenſat. L. ult. cod. eod.

(2) L. 4, cod. eod. L. 11, ff. eod.

(3) L. 11, ff. de novat. & de legat.

Comme la délégation est une espece de novation, il faut voir les regles contenues dans la Section IV de ce Chapitre.

L'effet de la délégation est d'éteindre les obligations de celui qui délegue (1).

Si la personne déléguée n'a consenti à la délégation que parce qu'elle croyoit être débitrice de celui qui l'a déléguée, & qu'il se trouve qu'elle n'étoit pas réellement débitrice, elle ne peut, malgré cela, refuser de payer le créancier en faveur duquel elle s'est obligée par l'acte de délégation; elle a seulement le droit d'exercer l'action *indebiti* contre celui qui l'a déléguée, pour se faire rembourser de tout ce qu'elle a payé en son nom (2).

Mais, lorsqu'il se trouve que celui en faveur duquel la délégation a été faite n'étoit pas réellement créancier de celui

(1) L. 30, ff. de novat. & de legat. L. 3. eod. eod.

(2) L. 12, ff. eod.

qui

qui a délégué, la personne déléguée n'est pas obligée de faire le paiement qu'elle a promis (1) : la raison en est que la personne déléguée n'est censée avoir promis de payer au créancier délégué, qu'en tant qu'il est véritablement créancier.

La délégation faite sous condition n'oblige la personne déléguée qu'à l'événement de cette condition; ainsi celui qui a stipulé la délégation, n'a aucune action, jusqu'à ce que la condition soit arrivée (2).

## SECTION III.

### *De la remise de la dette.*

UN créancier peut renoncer à ce qui lui est dû, & en faire la remise au débiteur, soit par acte de donation, soit par convention.

De quelle maniere que se fasse la remise d'une dette, il faut que ce soit le

Qui peut faire la remise.

(1) L. 7, ff. de doli except. L. 2, §. 4, ff. de donat.

(2) L. 36, ff. de rebus credit.

créancier lui-même qui la fasse, ou quelqu'un, en son nom, qui y soit autorisé par une procuration spéciale. Il faut encore que le créancier soit majeur, & qu'il ait le pouvoir de disposer librement de ses biens (1).

Un Procureur constitué par procuration générale, un tuteur, un curateur, un administrateur, n'ont pas le droit de faire la remise de ce qui est dû à ceux dont ils administrent les biens, parce qu'il ne leur est pas permis de faire donation de ces biens (2), & la remise est une espece de donation. Lorsqu'il y a plusieurs créanciers solidaires, l'un d'eux peut faire la remise de la dette sans les autres (3), par la même raison que l'un d'eux peut recevoir le paiement de la dette sans l'intervention des autres.

Comment se fait la remise.

La remise de la dette peut se faire expressément ou tacitement. Elle est tacite,

(1) Arg. l. 37, ff. de pactis.

(2) L. 22, ff. de administr. & peric. tutor.

(3) L. 13, §. 2, ff. de acceptil.

par exemple, si le créancier a rendu au débiteur l'original de l'acte qui contient son obligation (1).

Lorsque le créancier rend à son débiteur les meubles ou autres choses qui lui avoient été données en nantissement, pour sûreté de sa créance, on ne doit pas présumer delà qu'il a voulu faire la remise de la dette (2).

La remise d'une dette n'est pas non plus censée avoir été faite entre deux personnes qui étoient en relation de commerce, par le seul motif qu'elles n'ont pas compris cette dette dans les comptes qu'elles se sont rendus : pareille omission doit être regardée comme une erreur sans conséquence.

Cependant, dans pareil cas, on présume la remise de la dette par le concours de ces trois circonstances : 1°. si le créancier & le débiteur étoient unis par les liens du sang, ou d'une amitié très-étroite;

(1) L. 2, §. 1, ff. de pactis.

(2) L. 3, ff. eod.

2°. s'ils ont réglé plusieurs comptes ensemble, dans lesquels ils n'ont jamais fait mention de la dette dont il s'agit; 3°. si le créancier est mort sans en avoir fait la demande (1).

De l'acceptilation.

L'acceptilation est une déclaration que fait le créancier d'avoir reçu de son débiteur la chose qui lui étoit due. Cette déclaration faite par le créancier, est une espece de remise qui équivaut à une rénonciation à tous les droits qu'il avoit contre le débiteur (2).

Nous n'observons plus à présent les regles que le Droit Romain prescrivoit touchant l'acceptilation. On ne pouvoit la faire par le ministere d'un Procureur; on ne pouvoit y ajouter aucune condition, ni en renvoyer l'effet à un certain terme (3). Il est permis parmi nous de faire la remise de toutes sortes de dettes sous des conditions,

(1) L. 26, ff de probat.
(2) L. 1 & seq. ff. de acceptil.
(3) L. 3, 4 & 5, ff. eod.

ſans la fixation d'un terme, & par le miniſtere d'un Procureur.

---

## SECTION IV.

### *De la novation.*

LA novation ſe fait lorſqu'on contracte un nouvel engagement qui en détruit un précédent, & en tient la place (1).

Ceux qui n'ont pas le pouvoir de gérer leurs propres affaires, comme les pupilles ou les interdits, ne peuvent pas innover ce qu'ils doivent, ni ce qui leur eſt dû (2). Qui peut faire une novation.

Les Procureurs par procuration générale, les tuteurs & les curateurs peuvent faire des novations, relativement aux affaires dont le ſoin leur eſt confié, pourvu que ces novations ſoient avantageuſes à ceux dont ils adminiſtrent les biens (3).

Un fils de famille n'a pas le droit d'innover les obligations qui concernent ſon

(1) L. 1, ff. de novat.

(2) L. 3 & l. 20, §. 1. ff. eod.

(3) D. l. 20, & l. ult. §. 1, ff. eod.

pere, à moins qu'il n'ait de lui un mandat exprès (1).

Comment doit se faire la novation.

Pour faire une novation, c'est-à-dire, pour que l'engagement que les Parties contractent, détruise l'engagement précédent, il faut que les Parties aient déclaré expressément que leur intention étoit de faire novation; autrement la nouvelle obligation semble être un accessoire de la premiere, & non la détruire (2).

Il n'est pas nécessaire, pour la validité de la novation, lorsqu'elle se fait par l'obligation d'un nouveau débiteur, que le premier débiteur ait consenti à être tiré d'obligation, car un tiers peut libérer, par la novation, un débiteur malgré lui (3).

Des effets de la novation.

Comme la novation éteint l'ancienne dette, elle éteint aussi les accessoires de cette ancienne dette & les hypotheques qui y étoien affectées (4), à moins que,

(1) L. 23, ff. de novat.

(2) L. ult. cod. eod.

(3) L. 8, §. 5, ff. eod.

(4) L. 18, ff. eod.

par une convention expresse, les Parties n'aient transporté à la seconde dette les hypotheques qui avoient été établies pour la premiere (1).

Lorsque les hypotheques de l'ancienne dette ont été conservées pour la nouvelle, on peut compter, pour l'ordre de l'hypotheque de la nouvelle créance, du jour de la date de l'ancienne (2). si c'est le débiteur lui-même qui a fait la novation, mais non, si c'est un tiers qui l'a faite sans l'intervention du débiteur (3).

Lorsque la dette dont on fait novation, est une dette conditionnelle, la novation n'a son effet, qu'en tant que la condition, qui est le fondement de la premiere obligation, arrive (4).

Les autres effets de la novation sont d'obliger ceux qui prennent des engagemens dans le nouvel acte qui se passe, à rem-

(1) L. 12, §. 5, ff. qui potiores in pign.

(2) L. 3 & 21, ff. eod.

(3) L. 30, ff. de novationibus.

(4) L. 8, §. 1, ff. eod.

plir ces engagemens; ce qui ſe regle ſuivant les principes que nous avons détaillés touchant les obligations en général.

## SECTION V.

### *Des diverſes autres manieres d'éteindre les obligations.*

Il ne nous reſte plus qu'à rapporter quelques autres manieres dont les obligations s'anéantiſſent, pour achever d'expliquer les principes eſſentiels du Droit Civil Romain qui regardent les obligations.

De l'extinction de l'obligation par une ſuite de la convention.

Toutes les obligations ceſſent de la maniere dont les Parties contractantes ont convenu qu'elles ceſſeroient. Si les Parties ont fait dépendre d'une condition la réſolution d'une obligation, l'événement de cette condition réſolutoire détruit légitimement l'obligation. Si elles ont voulu que l'obligation ne durât qu'un certain temps, ce temps étant écoulé, l'obligation n'exiſte plus. Si elles ont convenu que l'obligation contractée n'auroit d'effet que pendant la vie du créancier, comme dans les contrats de rentes viageres, l'obligation eſt détruite par la mort du créancier. Si l'obligation a pour objet quelque fait perſonnel au débiteur, elle eſt détruite par la mort du débiteur, & ne paſſe point à ſes héritiers, qui ſont cependant tenus des dommages & intérêts qui ſont dûs pour l'inexécution du fait promis. En un mot, les conventions des Parties reglent toujours le ſort des obligations : *contractus legem ex conventione recipiunt* (1).

De la confuſion.

Lorſque le créancier ſuccede à ſon débiteur, ou lorſque le débiteur ſuccede à ſon créancier, ſoit comme héritier légitime ou teſtamentaire, ſoit comme donataire univerſel, ſoit par quelqu'autre titre, les deux qualités de créancier & de débiteur ſont par-là réunies dans une même perſonne : cette réunion ou confuſion opere l'extinction de l'obligation (2).

De la ceſſion des biens.

La ceſſion des biens eſt un moyen dont

(1) L. 1. §. 6, ff. depoſiti.
(2) L. 1, §. 18, ff. ad leg. falcid.

débiteur peut se servir pour éteindre ses obligations. Elle se fait de cette maniere : le débiteur, qui se voit surchargé de dettes, & hors d'état de les payer toutes, abandonne tous ses biens à ses créanciers par un acte dont les formalités doivent se régler suivant les usages de chaque pays ; il se libere par-là de toutes ses dettes, & il évite toutes les contraintes par corps, auxquelles il s'étoit soumis par les contrats qu'il avoit passés (1).

Lorsque nous disons que la cession de biens est un moyen de détruire les obligations d'un débiteur, il faut entendre que cela n'a lieu qu'à l'égard des contraintes par corps, auxquelles ce débiteur étoit obligé ; car, proprement dit, les dettes ne sont point éteintes. Tous les biens que le débiteur acquiert après la cession, doivent servir à payer les créanciers qui n'ont pas trouvé de quoi être payés dans les biens cédés (2).

---

(1) L. 1, cod. qui bonis cedere poss.
(2) L. 7, cod. eod.

Les créanciers sont seulement tenus de laisser à leur débiteur, sur les biens qu'il a nouvellement acquis, ce dont il a besoin pour subsister (1); d'où l'on peut dire que les dettes de celui qui a fait cession de biens sont éteintes, en tant qu'il n'acquiert pas les biens au-delà de ce qui lui est nécessaire pour sa subsistance.

De l'extinction de la chose due.

L'extinction de la chose due opere l'extinction de l'obligation (2). Lorsque la perte de la chose due est arrivée par le fait du débiteur, l'obligation n'est pas éteinte, & doit se convertir en l'obligation du prix de cette chose, quand même le débiteur en auroit causé la perte, avant qu'il sût qu'il en étoit débiteur (3). Si la chose due ne périt qu'en partie, le créancier est en droit de réclamer ce qui reste (4).

C'est au créancier à supporter la perte de la chose due, lorsque cette perte arrive

(1) L. 4 & 6, ff. de cession. bonor.

(2) L. 33 & 37, ff. de verbor. oblig.

(3) L. 91, §. 2, ff. eod.

(4) L. 49, §. 1, ff. de rei vindicat.

ſans qu'il y ait eu de la faute de la part du débiteur (1), & le débiteur n'eſt chargé du riſque des cas fortuits, que lorſqu'il s'y eſt obligé ſpécialement (2).

Si la choſe due périt par des cas fortuits entre les mains du débiteur, pendant qu'il étoit en demeure de la remettre au créancier, c'eſt le débiteur qui en ſouffre la perte; mais, s'il eſt évident que la choſe due ſeroit également périe, au cas qu'elle eût été entre les mains du créancier, comme le créancier ne ſouffre rien de la demeure du débiteur, cette demeure ne rend pas le débiteur reſponſable de la perte de la choſe due, & n'empêche pas l'extinction de l'obligation (3).

Les obligations s'éteignent par la preſcription. Voyez la Section des preſcrip-

---

(1) L. 107, ff. de ſolut.

(2) L. 13, §. 5, ff. locati, & l. 6, cod. de pignor. act.

(3) L. 14, §. 1, ff. depoſiti; l. 12, §. 4, ff. ad exhibendum; l. 15, §. ult. ff. de rei vindic.

tions à la fin de la ſeconde Partie.

Le ſerment déciſoire eſt une autre maniere d'éteindre les obligations, (1) parce que, dans le cas où une obligation eſt conteſtée, & où l'une des Parties défere à l'autre le ſerment, celle qui défere le ſerment, conſent à s'en tenir au ſerment par lequel il ſera affirmé que l'obligation dont il s'agit n'exiſte point *.

Enfin les obligations s'éteignent par les mêmes moyens dont elles s'établiſſent (2).

---

(1) L. 27, ff. de jurejurando.

* Voyez la Section III du Chapitre IV, Partie IV.

(2) L. 195, ff. de regul. jur.

*Fin de la IIIe Partie.*

# PRINCIPES DU DROIT CIVIL ROMAIN.

## QUATRIEME PARTIE.

### *Des Actions.*

## CHAPITRE PREMIER.

### *Des différentes especes d'actions & des regles qui leur sont applicables.*

Il faut d'abord examiner les actions en général, & comment on doit les intenter *. Nous viendrons ensuite au détail

* Quoique plusieurs dispositions du Droit Romain touchant les actions, ne soient pas reçues

des différentes especes d'actions, ce qui sera suivi des regles principales qui leur sont relatives.

---

## SECTION PREMIERE.

### *Des actions en général, & comment on doit les intenter.*

COMME les débiteurs qui ne veulent pas remplir leurs obligations, ne peuvent y être forcés que par l'autorité des Juges, & qu'il n'est pas permis de se faire justice soi-même (1), on doit réclamer contre eux cette autorité, & les appeller en jugement, pour les faire condamner à exécuter ce à quoi ils sont obligés.

On appelle *action* le droit de faire une demande contre quelqu'un en Justice.

---

en France, j'ai cru ne devoir pas me dispenser de traiter des actions en particulier, parce qu'il faut absolument connoître comment le Droit Romain envisageoit les actions, pour entrer avec intelligence dans l'étude des loix.

(1) L. 13, ff. quod metus caus.

Le Droit Romain a établi différentes eſpeces d'actions, ſuivant les différentes eſpeces de demandes, & a fixé des regles pour chaque action en particulier. Il ſeroit trop long d'entrer dans le détail de toutes ces actions & de toutes ces regles; nous nous bornerons à ce qu'il y a de principal.

Autrefois on ne pouvoit exercer aucune action, qu'après en avoir obtenu la permiſſion des Magiſtrats (1). On ne pouvoit non plus obliger quelqu'un qui étoit dans ſa maiſon & qui n'en vouloit pas ſortir, à venir comparoître pardevant le Juge (2).

Il eſt permis à préſent d'agir ſans permiſſion contre ſon débiteur, en lui ſignifiant par écrit la demande qu'on fait, ſoit qu'on la lui ſignifie perſonnellement, ſoit qu'on la lui ſignifie en la perſonne de quelqu'un dans ſon domicile (3).

Cependant les enfans ne peuvent encore

(1) L. 2, cod. de formul. & int. act. ſublat.

(2) L. 18 & 21, ff. de in jus vocando.

(3) L. 4, §. 5 & 6, ff. de damno infecto.

aujourd'hui,

aujourd'hui par respect pour leur pere ou leur mere, ou autre ascendant, les assigner en justice, sans en avoir obtenu la permission préalable du Juge (1) *.

L'effet de l'assignation est d'obliger ceux qui sont assignés, à comparoître pardevant le Juge devant qui l'assignation est donnée, quand même ce Juge seroit incompétent dans ce cas, ils doivent venir décliner sa jurisdiction (2), & s'ils ne comparoissent point, ils doivent être condamnés par contumace (3).

Des formalités des actions.

Les actions sont sujettes à des formalités différentes, suivant la différente nature des titres sur lesquels elles sont fondées, & suivant les différentes pratiques judiciaires qui s'observent dans chaque Tribunal. Celui qui manque à ces formalités, doit payer

(1) L. 4, ff. de in jus vocando.

* Les Juges qu'on veut actionner pour prétendue prévarication dans leurs fonctions, ne peuvent être assignés sans une permission préalable des Juges supérieurs.

(2) L. 2, ff. si quis in jus vocatus.

(3) Novell. 69, cap. 3.

les dépens du procès, de même que celui qui pourfuit une action mal fondée (1).

On intente les actions par un libelle. On appelle *libelle* tout écrit fignificatif d'une demande, comme feroit une requête, des lettres ou un exploit contenant les prétentions du Demandeur. Pour que le libelle foit en regle, on doit y mettre non-feulement les conclufions du Demandeur, mais encore y expliquer les principaux motifs fur lefquels il fonde fa demande, les qualités qu'il prend relativement à cette demande, & quel eft le Tribunal où il prétend la faire juger.

Les conclufions prifes au commencement, peuvent être changées ou modifiées dans le cours du procès (2), en payant les frais qu'avoient occafionnés les conclufions auxquelles on apporte quelque changement.

Des actions mal fondées.

Le Droit Romain févit contre ceux qui pourfuivent une action en juftice fans motifs fuffifans. Il les traite de téméraires. Il les condamne même à des amendes pé-

(1) L. 79, ff. de judiciis.

(2) L. 3, cod. de edendo.

cuniaires (1). Cette rigueur n'a pas été admiſe en France, où ceux qui s'engagent témérairement dans la pourſuite d'un procès, ne ſont expoſés à des peines, indépendamment des frais, que lorſqu'ils appellent mal-à-propos d'une Sentence qui les condamne : encore, la peine qu'ils ſubiſſent n'eſt qu'une légere amende pécuniaire qu'on nomme amende du *fol appel*.

Suivant le même eſprit qui regne dans le Droit Romain, & qui eſt d'empêcher qu'on n'intente trop légérement des actions, les loix avoient établi le ſerment de calomnie. Ce ſerment devoit être prêté par les Parties plaidantes, au commencement du procès, & conſiſtoit à affirmer qu'elles ne pourſuivoient ou ne ſoutenoient le procès, que parce qu'elles s'y croyoient légitimement fondées. Pour plus grande précaution, les loix exigeoient encore que ce ſerment fût prêté par les Avocats

(1) Inſtit. tit. de pœna temerè litig.

ou Procureurs reſpectifs des Parties (1).
On ne ſuit pas en France cette diſpoſition des loix, parce qu'on a cru quelle pourroit donner lieu à beaucoup de parjures.

Le Droit ancien avoit pris une autre précaution pour empêcher le trop grand nombre de procès; c'étoit d'exiger que les Plaideurs fourniſſent au commencement de la cauſe une caution *judicatum ſolvi* (2), c'eſt-à-dire, une caution qui répondît du paiement des frais du procès & de tout ce à quoi la Sentence condamneroit. Cette sûreté n'étoit ordonnée, que parce qu'il pouvoit arriver qu'une Partie n'eût formé ſa demande que dans le deſſein de nuire à ſa Partie adverſe, en occaſionnant des frais, ſachant qu'on ne pourroit lui faire payer ces frais à elle-même, attendu qu'elle étoit inſolvable. On n'obſerve plus à préſent la formalité de donner

(1) L. 2, cod. de jurejurando propter calumn.

(2) Tot. tit. ff. judicatum ſolvi.

pareille caution (1). En France, on ne l'exige que de la part des étrangers qui viennent réclamer des droits dans le royaume, par le motif que les étrangers n'ont aucun bien dans le royaume qui puisse répondre des frais de Justice qu'ils occasionneront.

---

## SECTION II.

### *Des différentes especes d'actions, & de la maniere dont on peut les diviser.*

On divise les actions en différentes classes, & d'abord en actions civiles & en actions Prétoriennes (2).

Les actions civiles sont celles qui sont appuyées sur les dispositions expresses des loix. Les actions Prétoriennes sont celles qui ont été établies par le Préteur.

On les divise ensuite en actions *civiles* & en actions *criminelles*.

---

(1) Instit. tit. de satisdationib.

(2) L. 25, §. 2, ff. de obligat. & act.

Par l'action civile, on demande des effets civils, comme le paiement d'une somme, la possession d'un meuble ou d'un immeuble, des dommages & intérêts.

Par l'action criminelle, on conclut à des punitions corporelles ou à des peines infâmantes.

Une autre division principale des actions se fait en actions *réelles*, en actions *personnelles* (1), & en actions *mixtes*.

Les actions réelles sont celles qu'on exerce, en demandant la propriété ou la possession de quelque chose de réel, comme d'un tel meuble ou d'un tel immeuble.

Les actions personnelles sont celles qui donnent le droit d'agir contre une telle personne, pour l'obliger à faire ou à livrer quelque chose. Ces actions sont fondées ou sur un contrat qui oblige ces personnes, ou sur quelque disposition de la loi.

Les actions mixtes sont celles qui sont réelles & personnelles en même temps. On appelle aussi mixtes les actions qui

(1) L. 25, in princip. ff. de obl. & act. inst. de act. §. 1.

renferment plusieurs especes différentes d'actions (1).

Il y a des actions appellées *arbitraires*. Ce sont celles dont l'objet dépend de l'arbitre du Juge, non pour condamner ou pour absoudre, mais pour raison de ce à quoi & à combien il doit condamner (2). Ces actions ont lieu contre les fidéjusseurs, de même que contre les débiteurs principaux (3).

On appelle *actions pénales*, non-seulement celles qui autorisent à demander la punition d'un criminel, mais aussi les actions civiles qui servent à demander l'exécution d'une peine promise, soit que cette peine consiste en un fait, soit qu'elle consiste au paiement d'une somme. Voyez la Section des obligations pénales.

Les actions sont presque toujours dénommées suivant leur objet. Les actions *directes* sont celles qui se fondent sur des

(1) L. 37, §. 2, ff. de obl. & act.

(2) L. 3, ff. de eo quod certo loco.

(3) L. 8, ff. eod.

conventions directes & expresses, ou sur des dispositions directes & expresses du Droit civil.

Les actions *indirectes*, qu'on appelle aussi actions *utiles*, sont celles qui procédent du fait d'autrui : par exemple, un associé est obligé par le fait de son associé. Celui qui a constitué Procureur pour passer certains actes en son nom, n'a point d'action directe contre ceux qui se sont obligés dans ces actes, parce qu'il n'a pas contracté directement avec eux, mais il a contre eux l'action utile (1), parce qu'il est juste que les obligations stipulées par son Procureur tournent à son profit.

Les actions *générales* embrassent plusieurs objets en général, comme sont celles qui appartiennent à un Procureur, en vertu d'une procuration, pour tous les biens situés dans une telle Province, ou dans un tel territoire.

Les actions *universelles* regardent une

---

(1) L. 28, ff. de Procuratoribus.

universalité de biens, comme une succession universelle.

Les actions *particulieres* sont relatives à un seul objet.

Les actions *solidaires* sont celles qui procédent d'une obligation solidaire. Voyez la Section des obligations solidaires.

On appelle actions *populaires* celles que le Droit Romain accorde à qui que ce soit du peuple, lorsqu'il s'agit d'un intérêt commun à tout le peuple (1). Les femmes & les impuberes sont exclus de ces sortes d'actions (2).

Autrefois, lorsque plusieurs intentoient ensemble une action populaire, le Préteur choisissoit parmi eux celui qui étoit personnellement intéressé à la poursuite de l'action (3), ou autrement, celui qui avoit le plus d'aptitude à poursuivre l'action (4); & il éloignoit tous les autres de la cause.

---

(1) L. 4, ff. de popular. act.

(2) L. 6, ff. eod.

(3) L. 3, ff. eod.

(4) L. 2, ff. eod.

Mais à présent tout cela n'est plus en usage, parce qu'il y a des Officiers publics chargés d'exercer au nom du Prince toutes les actions populaires.

Les contestations qu'on éleve en Justice sur l'état de quelqu'un, comme sur sa liberté, sur la légitimité de sa naissance, se forment par des actions appellées *préjudicielles*.

Les actions qui attaquent la réputation d'une personne, sont appellées *famosæ* : telle est l'action par laquelle on accuse quelqu'un d'avoir usé de dol (1).

Il ne doit y avoir lieu à ces sortes d'actions, que lorsqu'on n'a point d'autre action pour se procurer la chose qu'on est intéressé à demander (2); car il est naturel d'empêcher tout ce qui peut blesser la réputation de quelqu'un. Comme les descendans doivent particuliérement respecter la réputation de leurs ascendans,

(1) L. 7, ff. de in integrum restit.

(2) L. eâd.

il ne leur est pas permis d'intenter contre eux de pareilles actions (1).

Les loix appellent plusieurs especes d'actions du nom *condictio*. Cela vient de ce qu'autrefois les Romains avertissoient leurs débiteurs de payer dans un certain temps, & cet avertissement s'exprimoit par le mot *condicere*. Telles sont les actions appellées *condictio ob turpem causam*, *condictio ob causam datorum*, *condictio indebiti*, & autres qui seront ci-après expliquées.

On appelle en général *condictio ex lege*, une action qui est fondée sur la disposition expresse d'une loi particuliere; ainsi on dit *condictio ex lege Juliâ*, & *condictio ex Senat. Vellea*, lorsqu'il s'agit des actions qui s'appuient sur la disposition de la loi Julia ou du Sénatus-Consulte Velléïen.

On appelle *condictio certi*, l'action par laquelle on demande quelque chose de déterminé & de liquide. On appelle *incerti condictio*, ou *condictio triticaria*, l'action par laquelle on demande quelque

(1) L. 5, ff. de obsequiis parent.

chose qui n'est point fixé, & suivant la liquidation ou estimation qui en sera faite. On dit *triticaria* du mot *triticum*, *bled*, parce que le premier qui intenta cette action, demandoit le paiement d'une certaine quantité de bled.

On distingue sur-tout les actions *stricti juris*, d'avec les actions *bonæ fidei*. Toutes les actions *ex stipulatu*, c'est-à-dire, qui sont appuyées sur des obligations expressément stipulées, sont *stricti juris* (1). Les actions *bonæ fidei* sont celles qui sont fondées sur les contrats, non relativement aux conventions expresses que les contrats renferment, mais relativement à la bonne foi que ces contrats exigent plus particuliérement. Ainsi on compte parmi les actions *bonæ fidei*, celles qui procédent des contrats de dépôt, de société, de vente, de mandat ou procuration, de prêt, de partage, ainsi que celles qui naissent d'un *quasi*-contrat, comme de l'administration d'une tutele, de la gestion

(1) L. unic. §. 1, cod. de rei uxoriæ act.

des affaires d'autrui, & de l'adition d'une hérédité (1).

Les actions en demande du double, du triple ou du quatriple de la chose due, sont le sujet d'une autre division admise par Justinien ; mais, comme ces actions ne sont point en usage, il suffit de voir ce qui est dit dans les Instituts sur cette matiere (2) *.

De toutes les divisions précédentes, nous suivrons celle qu'on remarque principalement, qui est la division en actions personnelles, réelles, ou mixtes.

---

## SECTION III.

### *Des actions personnelles.*

Suivant la définition des actions personnelles & des actions réelles, les unes ont

---

(1) Instit. de actionibus, §. 28.

(2) Instit. eod. §. 23 & seq.

* Voyez dans la Section IV de ce Chap. la division en actions pétitoires & possessoires.

lieu, lorsqu'on fait des demandes contre certaines personnes, pour raison des obligations qu'elles doivent remplir; les autres, lorsqu'on réclame des droits sur un tel meuble ou un tel immeuble. On verra par-là que plusieurs especes d'actions peuvent être tantôt réelles, tantôt personnelles, sans changer le nom particulier qu'elles reçoivent du Droit Romain. Nous placerons dans cette Section les actions qui, pour l'ordinaire, sont personnelles; & dans les Sections suivantes, nous rapporterons les actions qui sont pour l'ordinaire réelles ou mixtes. Mais on observera qu'il ne faut pas toujours regarder comme personnelles les actions que nous plaçons dans cette Section, parce que les circonstances ou les différens titres qui établissent ces actions, peuvent en changer la nature & les rendre réelles. Il en est de même pour les actions réelles qui peuvent être quelquefois personnelles.

Voici l'énumération des principales actions dont il s'agit ici.

*Actio rescissoria.* Il y a plusieurs sortes

d'actions rescisoires des contrats : les unes se fondent, sur ce que ceux qui ont contracté n'étoient pas capables d'engagemens ; d'autres, sur ce que l'objet du contrat est impossible ou illicite ; d'autres, sur ce que les Parties, en contractant, ont usé de dol ou de violence les unes envers les autres ; d'autres, sur ce que le contrat renferme quelque lésion. L'on peut voir, au sujet de ces motifs qui autorisent à demander la rescision des contrats, la Section du Chapitre I. dans la troisieme Partie. Il suffit de mettre ici quelques regles touchant l'action *quod metûs causâ* & l'action *de dolo*.

L'action *quod metûs causâ* a lieu non-seulement contre ceux qui ont forcé quelqu'un à faire ou à livrer quelque chose contre son gré, mais encore contre ceux qui se sont conservé, par force ou par menaces, la possession d'une chose qui ne leur appartenoit point (1).

---

(1) L. 9, §. ult. L. 14, §. 3, ff. quod metûs caus.

Pour être fondé dans l'action *quod metûs causâ*, il faut montrer qu'on a été forcé à faire ce dont il s'agit par des motifs légitimes de crainte; car si l'on s'est déterminé à contracter sur de légeres menaces, ou par la crainte d'un danger dont il y avoit peu d'apparence, cela ne suffit pas pour obtenir la rescision d'un contrat (1).

L'action *de dolo* a pour objet de faire annuller les contrats où une Partie a été séduite & trompée par l'autre Partie (2). Cette action n'est pas nécessaire pour les contrats auxquels la bonne foi est particuliérement essentielle, qu'on appelle contrats *bonæ fidei*, vu que le dol étant absolument contraire à la nature de ces contrats, les rend nuls de plein droit (3).

Il a été établi en faveur des dots, que les actes où elles sont constituées, quoique rangés dans la classe des contrats *stricti*

(1) L. 5, ff quod metûs cauf.

(2) L. 36, ff. de verbor. oblig.

(3) L. 3, §. ult ff. pro socio L. 4, cod. de hæred. vel act. vendit.

juris

*juris*, font néanmoins nuls de plein droit, s'il y a eu dol (1).

Lorfque le préjudice occafionné par le dol, n'eft qu'un léger préjudice, il n'y a pas lieu à l'action de dol (2).

Cette action, ainfi que celle *quod metus causâ*, ne peut être exercée contre les héritiers de celui qui a employé le dol (3) ou les violences (4), fi ce n'eft pour la réclamation de la chofe qui a été ufurpée par ces moyens, & qui eft parvenue jufqu'aux mains des héritiers.

Nous avons dit que l'on peut faire annuller par l'action refcifoire les actes qui ont eu un objet illicite ou mal-honnête.

Il fuit delà, que celui qui a donné quelque fomme pour un pareil objet, peut en demander la reftitution; & l'action par laquelle il demande que cette fomme lui foit rendue eft appellée, *condictio ob*

(1) L. 21, §. 3, ff. quod metûs cauf.

(2) L. 9 & 10, ff. de dolo malo.

(3) L. 17 & 26, ff. eod.

(4) L. 16, §. 3, ff. quod metûs cauf.

*turpem causam.* Si celui qui a donné la somme qu'il prétend lui être rendue, n'a eu aucune part dans le motif illicite qu'avoit en vue celui qui l'a reçue, il y a lieu à la répétition *condictione ob turpem causam* (1). Si celui qui a donné la somme, a participé, avec celui qui l'a reçue, au dessein illicite pour lequel cette somme avoit été donnée, il n'a aucune action pour demander qu'elle lui soit rendue (2).

*Actio furti.* On appelle ainsi l'action que nous avons pour faire punir ceux qui nous ont volé; mais l'action par laquelle nous les obligeons de rendre ce qu'ils ont volé, ou d'en payer l'estimation, est appellée *condictio furtiva.* En vertu de celle-ci, on peut non-seulement demander les fruits & les intérêts de la chose volée, mais encore tout le préjudice qu'on a souffert à l'occasion du vol (3).

L'action *furti* n'a pas lieu contre les

(1) L. 1, §. 2, ff. de condict. ob turp. caus.

(2) L. 4, ff. eod.

(3) L. 3, ff. de condict. furtiv.

héritiers du voleur, mais se transmet aux héritiers de celui qui a été volé (1). Cependant la restitution de la chose volée peut être demandée *condictione furtivâ*, même contre les héritiers du voleur (2).

Il n'est pas permis au mari & à la femme d'exercer l'un contre l'autre l'action *furti*. La loi regarde cette action comme trop odieuse, pour qu'elle puisse avoir lieu entre deux personnes si étroitement liées (3). C'est pour suppléer à l'action *furti*, qu'elle a établi l'action *rerum amotarum*, dont l'effet est d'obliger la femme de rendre à son mari tous les meubles & effets qu'elle lui a soustraits (4). Le mari peut à son tour être attaqué par sa femme, en vertu de la même action, dans les mêmes cas (5).

*Actio injuriarum.* C'est l'action par laquelle on peut demander vengeance à la

(1) L. 1, ff. de privat. delict.

(2) L. eâd.

(3) L. 22, §. ult. cod. de furt.

(4) Tot. tit. ff. de actione rerum amot.

(5) L. 7, ff. eod.

Justice des injures qu'on a reçues. Cette action ne se transmet point aux héritiers des personnes offensées ; & si ces personnes y ont renoncé, quand même ce ne seroit que *per nudum pactum*, l'action est éteinte de plein droit (1).

*Actio legis Aquiliæ.* La loi Aquilia statuoit sur la réparation de certains dommages dont elle faisoit mention. Justinien a étendu les dispositions de cette loi à toutes sortes de dommages, & a établi que tous ceux qui les occasionnent doivent les réparer (2).

*Actio institoria.* C'est une action par laquelle on oblige celui qui a préposé quelqu'un à une administration, de remplir les engagemens & de répondre du fait de cet Administrateur.

Il en est de même de l'action dite *actio exercitoria*, qui regarde plus particuliérement les préposés au commerce des vaisseaux marchands.

---

(1) L. 27, §. 2, ff. de pactis.

(2) Vid. ff. cod. & instit. de lege Aquiliâ.

Peu importe que ceux qui font prépofés à une adminiftration, foient pupilles, ou mineurs, ou fils de famille. Peu importe auffi de quel fexe, de quel état & condition qu'ils foient, pour que celui qui les a propofés foit tenu de leur fait (1). Il n'en eft point tenu dans les cas feulement auxquels ces prépofés font allés au-delà des bornes qu'il leur avoit prefcrites en leur confiant cette adminiftration (2).

*Actio negotiorum geftorum* *. Cette action appartient à celui qui a géré les affaires d'un abfent. Elle appartient auffi à celui qui a adminiftré les biens d'un héritage jacent (3).

Quoique celui qui a géré les affaires d'autrui, les ait gérées par erreur, cela ne l'empêche pas de fe fervir de l'action

---

(1) L. 7, ff. de inftitoriâ act.

(2) L. 11, §. 3, ff. eod.

* Voyez la Section des *quafi*-contrats, Part. III.

(3) L. 3, ff. de negot. geft.

*negotiorum gestorum* (1) ; & si celui qui croyoit gérer les affaires de Titius, a géré celles de Sempronius, il n'a l'action *negotiorum gestorum*, que contre Sempronius (2).

Cette action est transmissible aux héritiers de celui auquel elle appartient, & a lieu contre les héritiers de celui dont les affaires ont été gérées (3). Elle peut aussi avoir lieu entre le pere & l'enfant émancipé (4).

*Actio ad exhibendum.* On appelle ainsi l'action qui oblige celui qui détient quelque chose, à en faire l'exhibition, pour qu'on puisse faire les vérifications auxquelles le Demandeur est intéressé. Cette action est accordée à tous ceux qui ont quelque intérêt à l'exhibition (5).

Celui qui est actionné pour l'exhibition de quelque chose qu'il détient caché, doit

---

(1) L. 6, §. 5, ff. de negot. gest.
(2) L. 5, ff. eod.
(3) L. 3, §. 7, ff. eod.
(4) L. 37, §. 2, ff. eod.
(5) L. 19, ff. ad exhibendum.

être condamné, faute de l'exhiber, à indemniser le Demandeur, suivant l'intérêt qu'il prétend avoir à cette exhibition (1).

L'action par laquelle on demande l'exhibition d'un testament à celui qui en a l'original entre ses mains, est appellée *interdictum de tabulis exhibendis* (2).

Si celui qui est le dépositaire d'un testament, le tient caché, pour frauder les droits de ceux que ce testament favorise, on peut agir criminellement contre lui (3).

*Actio de jurejurando.* Cette action est celle qui dérive du serment prêté en Justice par l'une des Parties qui ont procès ensemble. Lorsque l'une d'elles n'a pu apporter des preuves suffisantes pour appuyer sa prétention, & a consenti de déférer la décision de la cause au serment de son adversaire, alors le serment de cet adversaire oblige celui qui l'a déféré, à subir la décision qui en résulte; ou bien,

(1) L. 19, ff. ad exhibendum.

(2) Tot. tit. ff. de tabul. exhibend.

(3) L. 9, §. 2, ff. de dolo.

si l'adversaire a refusé de prêter serment & l'a référé, il est tenu de subir la décision qui suit du serment de l'autre Partie. Voyez ci-après la Section VI du Chapitre III.

*Actio præscriptis verbis.* Tous les contrats innommés, c'est-à-dire tous les contrats dont il ne résulte point une action expressément désignée par le Droit Civil, produisent l'action *præscriptis verbis* (1), qui sert à faire exécuter les conventions contenues dans ces contrats. Tels sont les contrats *do, ut des*; *do, ut facias*; *facio, ut facias* (2).

Si celui qui a reçu quelque chose pour en faire seulement l'épreuve, s'en est néanmoins servi pour en retirer un certain profit, il est tenu, en rendant la chose prêtée, de rendre aussi le profit qu'il en a retiré *actione præscriptis verbis* (3).

Si j'ai déposé une somme chez quel-

(1) L. 1, 2 & 3, ff. præscriptis verbis.

(2) L. 5, ff. eod.

(3) L. 20, ff. eod.

qu'un, pour qu'il la remette à Titius, & qu'il n'ait pas été possible au dépositaire de trouver Titius pour la lui remettre, je puis l'obliger, *actione præscriptis verbis*, de me rendre cette somme (1).

Lorsqu'une personne a prêté un meuble à quelqu'un, sous condition qu'il lui en prêtera un autre de son côté, si celui-ci refuse de prêter le meuble promis, il peut y être forcé par l'action *præscriptis verbis* (2).

*Actio in factum.* C'est l'action qui a lieu contre celui qui par sa faute a causé du dommage à autrui : par exemple, si de deux personnes qui se promenent ensemble sur le bord d'une riviere, l'une prie l'autre de lui prêter l'anneau qu'elle tient à son doigt, parce qu'elle voudroit l'examiner, & qu'ensuite ayant eu cet anneau, elle le laisse tomber dans la riviere pendant qu'elle l'examine, elle est obligée de réparer la

(1) L. 18, ff. præscriptis verbis.
(2) L. 17, ff. eod.

perte de cet anneau *actione in factum* (1).

L'action *in factum* pour la réparation du dommage causé à quelqu'un, a lieu même contre un pupille, pourvu que ce pupille ait été capable de dol (2).

On est tenu, en vertu de l'action *in factum*, à réparer le préjudice causé, toutes les fois qu'on a causé ce préjudice en faisant quelque chose qu'on a droit de faire, mais que l'on ne fait que dans l'intention de nuire (3)

On appelle *interdictum quod vi aut clam*, l'action par laquelle on oblige quelqu'un, qui s'est porté à des voies de fait publiquement ou en cachette dans les propriétés d'autrui, à remettre les choses dans leur premier état, & à réparer le dommage qu'il a occasionné (4).

*Interdictum de operis novi nuntiatione*. On nomme ainsi l'action par laquelle on dé-

---

(1) L. 23, ff. prescriptis verbis.

(2) L. 18, §. 13, ff. de damno infecto.

(3) L. 1, ff. de alienatione judic.

(4) L. 1, ff. quod vi aut. clam.

nonce une personne qui a commencé de changer, ou se prépare à changer l'état des lieux, d'une maniere qui peut nuire aux droits de celui qui dénonce, & par laquelle on fait des inhibitions à cette personne de ne rien faire de nouveau dans les lieux dont il s'agit (1). On juge si cette action est légitime, suivant les titres de celui qui l'intente.

*Actio constituti.* C'est une action fondée sur la promesse faite par quelqu'un de payer une dette dans un certain temps.

Cette promesse, qui est appellée *pactum constitutæ pecuniæ*, n'est qu'une obligation accessoire d'une autre obligation précédente. Elle se fait, lorsque celui qui doit une somme, & qui n'est obligé par aucun contrat, promet par une nouvelle convention de payer cette somme dans un temps déterminé.

Le pacte *constitutæ pecuniæ* se fait aussi pour la dette d'autrui (2); c'est-à-dire, on

(1) Tot. tit. ff. de operis novi nuntiat.

(2) L. 5, §. 2, ff. de pecuniâ constit.

peut s'obliger de payer la dette d'autrui.

Autrefois l'action *constituti* n'avoit lieu que pour les sommes d'argent ou pour les choses qui se prennent au poids ou à la mesure. Lorsque dans la promesse de payer il s'agissoit d'autres choses, l'action qui résultoit de cette promesse étoit appellée *receptitia*. Comme l'action *receptitia* tomba en désuétude, il fut établi que l'action *constituti* auroit lieu pour toutes sortes de choses indistinctement (1).

*Condictio indebiti.* Voyez la Section IV, Chap. IV, Part. III, où il est traité de l'action en répétition du paiement d'une chose qui n'est pas due.

*Actio de rationibus distrahendis.* En vertu de cette action, ceux qui ont géré les affaires d'autrui, sont obligés de rendre compte de leur gestion. Telle est l'obligation des tuteurs & des curateurs, dès que la tutelle ou la curatelle est finie (2).

---

(1) L. 2, cod. de pecuniâ constit.

(2) Tot. tit. ff. tutelæ & rationib. distrah.

*Actiones ædilitiæ.* On appelle ainsi les actions par lesquelles on peut agir en redhibition du prix qu'on a payé dans une vente où l'on a été trompé. Elles sont aussi appellées actions *redhibitoires*, si on agit en redhibition de tout le prix de la vente, & actions *estimatoires*, si on n'agit qu'en redhibition d'une partie de ce prix. Voyez l'article de la redhibition, dans la troisieme Partie.

Les dénominations que reçoivent la plupart des autres actions, sont analogues à la nature du contrat sur lequel elles s'appuient. Ainsi l'action *ex vendito* est celle qui appartient au vendeur, pour exiger le prix de la vente & l'exécution des clauses qui sont en sa faveur dans l'acte de vente (1).

L'action *ex empto* est celle qui appartient à l'acheteur, pour se faire livrer la chose achetée, & pour faire accomplir les conventions qu'il a stipulées (2).

(1) Tot. tit. ff. & cod. de action. empt.

(2) L. 11, in princip. ff. eod.

L'action *commodati* a lieu en faveur de celui qui a donné une chose en prêt à usage contre celui qui l'a reçue (1). L'effet de cette action est d'obliger celui-ci de rendre la chose prêtée.

L'action *commodati contraria* est accordée à celui qui a reçu le prêt, pour se faire rembourser des dépenses légitimes qu'il a faites à raison du prêt (2) *.

L'action *ex mutuo* est celle dont on peut se servir, lorsqu'il s'agit d'un prêt de consomption, pour obliger celui qui a reçu le prêt à remplir les engagemens **.

Lorsque les tuteurs ou curateurs prêtent des sommes qui appartiennent à leurs pupilles ou mineurs, l'action *ex mutuo* qui résulte de ce prêt, a lieu en faveur de ces pupilles ou mineurs, non-seulement contre le débiteur principal, mais aussi contre les fidéjusseurs (1).

(1) L. 1, ff. commodati.

(2) L. 17, ff. eod.

* Voyez la Section II. Chap. IV, Part. III.

** Voyez la Section I, Chap. IV, Part. III.

(3) L. 26, ff. de rebus credit.

## SECTION IV.

### *Des actions réelles.*

SUIVONS l'énumération des principales actions, & venons aux actions réelles.

*Actiones rei vindicationis vel actiones rei persecutoriæ.* C'est ainsi qu'on appelle en général les actions réelles. On peut exercer l'action *rei vindicationis*, c'est-à-dire, on peut agir en revendication d'un bien qui est injustement détenu par autrui, soit que celui qui le détient l'ait usurpé, soit que ce bien ait été autrefois confié à sa garde (1). Pour être fondé dans l'action *rei vindicationis*, il suffit qu'on ait acquis la chose qu'on revendique, soit par le droit des gens, soit en vertu d'un titre approuvé par le Droit civil (2).

On doit observer, en intentant cette action, de s'expliquer clairement sur ce

(1) L. 9, ff. de rei vindicat.

(2) L. 23, ff. eod.

qu'on demande, ſur la quantité, l'étendue, & l'eſpece de la choſe demandée (1).

*Actio Publiciana.* Le préteur *Publicius* introduiſit cette eſpece d'action, & lui donna ſon nom. Elle a lieu lorſqu'on agit pour ſe procurer la poſſeſſion d'une choſe acquiſe de bonne foi, quoiqu'on ne l'ait point acquiſe du véritable maître. L'effet que cette action produit, n'eſt pas de dépouiller de la choſe dont il s'agit celui qui en eſt le véritable maître, mais de donner la préférence pour la poſſeſſion de cette choſe à celui qui l'a acquiſe de bonne foi (2). Il s'enſuit delà que celui qui a ainſi acquis doit poſſéder juſqu'à ce que le propriétaire ait fait preuve de ſes droits. Auſſitôt que le propriétaire a fourni cette preuve, l'action *publicienne* doit ceſſer (3).

*Actio Pauliana.* L'action Paulienne qui tire auſſi ſon nom du préteur *Paulius* qui l'a établie, eſt celle qui donne aux créan-

(1) L. 6, ff. de rei vindicat.

(2) L. ult. ff. de Publiciana in rem act.

(2) L. 16, ff. eod.

cier

ciers le droit de réclamer les biens de leurs débiteurs, qui ont été aliénés pour frauder leurs créances.

Voici comment cette action a lieu à l'égard des aliénations frauduleuses. Ou l'aliénation a été faite par un titre purement lucratif; ou elle a été faite par un titre onéreux. Si elle a été faite par un titre lucratif, comme par une donation, il suffit qu'il y ait eu fraude de la part du donateur, pour pouvoir exercer l'action Paulienne. Si l'aliénation a été faite par un titre onéreux, comme par une vente, il faut qu'il y ait eu fraude de la part du vendeur, & en même temps de la part de l'acheteur, pour que l'action Paulienne puisse avoir lieu (1).

On peut regarder l'action Paulienne comme mixte, en ce qu'elle peut être exercée, non-seulement contre celui qui détient la propriété qui a été aliénée pour

(1) L. 6, cod. de revocandis his quæ in fraud.

frauder les droits des créanciers, mais encore contre le débiteur qui a fait de mauvaise foi cette aliénation (1).

*Actio Serviana.* L'action Servienne (2) est celle qui résulte d'une hypotheque tacite qui appartient au maître d'une propriété louée ou donnée à bail, sur les meubles que le locataire ou fermier a transportés dans cette propriété. On a droit d'exercer cette action contre tous tiers-détenteurs des meubles hypothéqués (3).

*Actio quasi-Serviana, vel hypothecaria, vel pignoratitia.* L'action *quasi-Servienne* est la même que l'action *hypothécaire.* Lorsqu'il s'agit d'une chose donnée en nantissement pour la sûreté d'une dette, on exerce l'action qui est appellée *pignoratitia.* Il suffit de voir ce qui a été dit touchant les gages & les hypotheques dans la Section V, Chap. IV, Part. III.

*Actio confessoria.* On appelle ainsi l'ac-

(1) L. ult. §. ult. ff. quæ in fraudem credit.

(2) L. 66, ff. de evictionib.

(3) L. 2, cod. de precario.

tion qu'exerce celui qui prétend un droit réel de servitude.

Il est permis à celui qui jouit d'une servitude, *ne altiùs tollatur*, d'intenter l'action confessoire contre son voisin, pour l'empêcher d'élever un bâtiment pour lequel il a fait des préparatifs, & le Juge doit accorder contre ce voisin des inhibitions de bâtir, jusqu'à ce qu'il ait prouvé qu'il en a le droit (1).

*Actio negatoria*. Celle-ci est l'action contraire de la précédente. Par l'action négatoire, on nie de devoir une telle servitude.

Le propriétaire d'un fonds peut se servir de l'action négatoire contre l'usufruitier de ce fonds (2).

Celui qui succombe dans l'action *négatoire* ou dans l'action *confessoire*, doit être condamné à tous les dommages & intérêts que l'autre a soufferts, pour raison

(1) L. 15, ff. de operis novi nuntiat.

(2) L. 5, in princip. ff. si usufruct. petat.

de la servitude qui est en contestation (1).

*Condictio ob causam datorum.* On appelle ainsi l'action par laquelle une personne qui a donné une chose pour un certain emploi, ou sous une certaine condition, ou pour un certain motif, peut répéter ce qu'il a donné, si l'emploi convenu n'a point été fait, ou si la condition n'a pas été remplie, ou si le motif dont il s'agit n'a pas eu lieu par quelque événement (2).

Cette action se confond avec l'action qui est appellée *condictio indebiti.*

On divise principalement les actions réelles en actions pétitoires & en actions possessoires.

Par l'action pétitoire, on demande la propriété d'une chose & la possession entiere & perpétuelle de cette chose.

Par l'action possessoire, on demande seulement la possession d'une chose pen-

---

(1) L. 5, §. 7. ff. si usufr. pet.

(2) Tot. tit. cod. de condict. ob caus. dat.

dant un certain temps, ſauf le droit du vrai propriétaire.

Les actions poſſeſſoires ſont appellées, *interdicta*, parce que l'effet qu'elles produiſent eſt d'interdire à quelqu'un la poſſeſſion d'une choſe, en adjugeant cette poſſeſſion à une autre perſonne.

Il y avoit autrefois des différences entre les actions poſſeſſoires des meubles & les actions poſſeſſoires des immeubles; mais ces différences ont été abolies par Juſtinien (1).

*Interdictum uti poſſidetis*. C'eſt ainſi que ſe nomme dans le Droit Romain l'action par laquelle on demande d'être maintenu dans la poſſeſſion d'une choſe qu'on poſſédoit déjà (2).

Le temps fixé pour intenter cette action poſſeſſoire, n'eſt que d'une année, à compter du jour auquel on a perdu la poſſeſ-

(1) Inſtit. de interdictis, §. IV.

(2) Tot. tit. ff. uti poſſidetis.

sion, jusqu'au jour auquel on a formé l'instance (1).

Suivant le Droit Romain, pour obtenir la possession, pendant le procès, d'un bien dont la propriété est contestée, il faut prouver qu'on en étoit possesseur de bonne foi avant le procès (2). En France, de quelque maniere qu'on ait possédé, il suffit d'avoir possédé pendant une année, pour obtenir la possession durant le procès.

On ne peut pas dire qu'on a possédé, lorsqu'on n'a pas possédé en qualité de propriétaire, comme ceux qui n'ont possédé qu'en vertu d'un dépôt, d'un prêt, d'un louage, ou d'un bail à ferme (3).

Quoique par le Droit Romain on exige la bonne foi de la part de celui qui a possédé, on ne s'informe pas si la possession étoit bien ou mal fondée (4). Il suf-

(1) L. 1, §. 3, ff. de itinere actuq. privato.

(2) Instit. de interdictis, §. IV.

(3) L. 9, de rei vindic. L. 3, §. 8, ff. uti possidetis.

(4) L. 2, ff. uti possidetis.

fit que le possesseur dise : *je possede, parce que je possede.* Cela vient de ce que la loi distingue les droits de propriété d'avec les droits de possession (1).

*Interdictum quorum bonorum.* Cette action possessoire est celle où il est question de la possession d'une universalité de biens, comme d'une hérédité (2).

*Interdictum de precario.* C'est l'action par laquelle on peut se mettre en possession d'un bien qu'on n'a laissé à autrui qu'à titre de précaire (3) *.

L'effet que cette action produit, est d'obliger celui qui tient une propriété à titre de précaire, de la rendre au vrai propriétaire lorsqu'il la demande (4) ; & si celui qui doit remettre cette propriété, ne la remet pas dans le même état où elle

(1) L. 1, §. 2, ff. uti possidetis.

(2) L. 1, ff. quorum bonorum.

(3) L. 1, ff. de precario.

* Voyez la Section II, Chapitre IV, Partie III.

(4) L. 2, ff. eod.

étoit lorſqu'il l'a reçue, il eſt tenu de tous les dommages & intérêts. Il eſt auſſi tenu des dommages & intérêts, lorſqu'il eſt en demeure de rendre la choſe qui lui a été laiſſée à titre de précaire (1).

*Interdictum Salvianum.* On attribue l'établiſſement de l'interdit Salvian au même Salvius Julianus qui fut l'auteur de l'édit perpétuel.

Lorſqu'une propriété a été hypothéquée pour la sûreté d'une créance, on peut, en vertu de cettte action, ſe mettre en poſſeſſion de cette propriété, juſqu'à ce qu'on ſoit payé de la créance au moyen de l'uſage qu'on fera de la choſe hypothéquée, ou au moyen des fruits en provenans (2).

## SECTION V.

### *Des actions mixtes.*

QUELQUES-UNES des actions que

(1) L. 8, §. IV, ff. de precario.

(2) Vid. tit. ff. de Salvian. interd. & cod. de precario & Salvian.

nous avons rapportées précédemment, peuvent être comptées parmi les actions mixtes, suivant les circonstances qui les font participer de la nature des actions personnelles & des actions réelles ; mais il suffit qu'on sache ce qu'on entend par actions personnelles, réelles & mixtes, pour qu'on puisse placer soi-même chaque action dans la classe où elle doit être placée.

Nous continuons l'énumération des actions, en passant aux principales actions mixtes.

*Actio familiæ erciscundæ*. C'est l'action en partage d'hérédité qu'un co-héritier, soit légitime, soit testamentaire, peut intenter contre les autres co-héritiers (1) *.

*Actio communi dividundo*. C'est l'action en partage d'une chose, sur laquelle plusieurs personnes ont des droits communs.

Lorsqu'il s'agit de l'action *communi dividundo*, ou de l'action *familiæ erciscundæ*,

---

(1) Vid. ff & cod. familiæ erciscund.

* Voyez la Section du rapport des biens, dans la seconde Partie.

chacun de ceux qui sont intéressés au partage, doit faire raison du profit qu'il a retiré de quelqu'un des objets du partage, & contribuer pour sa part aux dépenses nécessaires qui ont été faites, ainsi qu'aux dommages qui sont arrivés par des cas fortuits (1).

Si la chose qui doit être partagée entre plusieurs personnes, est indivisible, soit par sa nature, soit parce qu'il résulteroit quelque préjudice du partage, le Juge peut adjuger la chose en entier à l'un des ayant-droits, & l'obliger à payer aux autres une certaine somme (2).

*Actio finium regundorum*. L'action de bornage est celle qu'on a contre son voisin pour régler l'étendue de terrein dont on est propriétaire. Cette action appartient non-seulement aux propriétaires, mais encore aux possesseurs d'un fonds, comme sont les Emphytéotes, les usufruitiers &

(1) L. 1, cod. communia utriusque judicii.

(2) Instit. de officio Judicis, §. IV.

les créanciers hypothécaires qui se sont saisis des fonds hypothéqués (1).

Elle n'appartient qu'aux propriétaires des fonds de campagne, & non aux propriétaires des maisons (2), parce qu'il ne peut y avoir d'erreur à l'égard des bornes des maisons qui sont toutes ordinairement séparées par des murs mitoyens.

L'on n'a droit d'exercer l'action de bornage, que lorsque l'étendue du terrein qu'on prétend recouvrer, ne va pas au-delà de cinq pieds. Si cette étendue est plus considérable, on doit se servir de l'action *rei vindicationis*. La différence qu'il y a entre ces deux actions, consiste, en ce que celle *finium regundorum* n'est pas sujette à la prescription *longi temporis* de dix ou de vingt années (3), & l'autre action y est sujette.

On prescrit l'action de bornage par le

---

(1) L. 4, §. 9 & 10, ff. finium regund.

(2) L. 2, ff. eod.

(3) L. 6, cod. finium regund.

laps de 30 ans comme la plupart des autres actions (1).

Lorsqu'un propriétaire voisin a déplacé par dol les bornes de sa propriété, pour usurper le terrein de son voisin, une des loix agraires accorde contre lui, outre l'action *finium regundorum*, une action pour la peine du dol en paiement d'une somme de cinquante écus d'or pour chaque terme déplacé (2). A présent cette peine n'est plus en usage.

*Actio ex testamento.* Celui auquel les dispositions d'un testament sont favorables, a une action pour exiger l'exécution de ce testament. Quoique cette action soit comptée parmi les actions *stricti juris*, elle produit néanmoins les mêmes effets que les actions *bonæ fidei* (3).

*Actio tutelæ vel curationis.* En vertu de cette action, on oblige les tuteurs ou curateurs de réparer tous les dommages qu'ils

(1) L. 6, cod. finium regund.
(2) L. ult. ff. de termin. mot.
(3) L. 47, ff. de legat. 1°.

ont causés aux pupilles ou mineurs par leur mauvaise administration, soit qu'il y ait eu de la fraude, soit qu'il y ait eu de la négligence de leur part (1).

*Actio de in rem verso.* Lorsqu'on a contracté avec des personnes qui ne sont pas capables d'engagemens, & que la somme ou autre chose qu'on a remise à ces personnes, lors du contrat, a tourné à leur avantage en leur procurant une augmentation de biens, on peut se servir contre elles de l'action *de in rem verso*, pour les obliger à remplir leurs engagemens, jusqu'au montant du profit qu'elles ont retiré au moyen de ce contrat : par exemple, ceux qui ont prêté une somme d'argent à un fils de famille, sont privés par le Sénatus-Consulte Macédonien de toute action contre lui, si ce n'est jusqu'à la concurrence du pécule castrense dont jouit ce fils de famille ; mais si le pécule castrense n'est pas suffisant pour payer la dette, & que

(1) L. 1, ff. de tutelæ & rationib. distrah.

la somme qu'ils ont prêtée au fils de famille augmente ses biens, ils ont contre lui l'action *de in rem verso* (1).

Par la même raison, si la somme prêtée au fils de famille, a augmenté les biens du pere, celui qui a prêté cette somme peut exercer l'action *de in rem verso* contre le pere. Cela est fondé sur le principe de Droit, *nemini licet cum alterius detrimento locupletari* (2).

*Actiones noxales*. On avoit admis deux sortes d'actions noxales dans le Droit Romain : l'une étoit pour les dommages causés par les esclaves ; l'autre pour les dommages causés par les animaux domestiques. Lorsqu'un esclave faisoit quelque chose de nuisible à quelqu'un, les loix donnoient action contre le maître de cet esclave, pour l'obliger à payer le dommage que son esclave avoit causé, si mieux n'aimoit livrer l'esclave à celui qui avoit souffert le

(1) L. 1, ff. de in rem verso.
(2) L. 106, ff. de regul. jur.

dommage (1). Lorſqu'il ſe trouvoit quelque animal domeſtique plus farouche que ne le ſont ordinairement ceux de ſon eſpece, tel qu'un cheval qui rue & qu'il eſt dangereux d'approcher, ſi cet animal bleſſoit quelqu'un, on avoit action contre ſon maître, pour l'obliger de payer tout le préjudice que cette bleſſure occaſionnoit, ou bien de livrer l'animal en paiement (2). Cette action qui tiroit ſon origine de la loi des douze Tables, étoit appellée *actio de pauperie.* Comme ces ſortes d'actions n'ont pas lieu parmi nous, il ſeroit inutile d'en expliquer les regles.

On trouvera que le Droit Romain traite de beaucoup d'autres actions qui ont été ici omiſes. Mais ce ſeroit s'écarter du plan de cet ouvrage, que de s'étendre trop ſur cette matiere.

(1) L. 1, ff. de noxalib.

(2) L. 1, ff. ſi quadrupes pauperiem.

## SECTION VI.

*Regles générales concernant les actions.*

Qui sont ceux qui peuvent exercer les actions.

Il n'y a que ceux qui sont maîtres de leurs droits & qui peuvent ester en jugement, auxquels il soit permis d'exercer les différentes actions qui leur appartiennent. Ainsi les fils de famille, les pupilles, les mineurs, & tous ceux qui sont soumis à l'autorité d'autrui, ne peuvent faire aucune demande en justice, sans l'assistance & l'intervention des personnes qui ont autorité sur eux (1).

Les héritiers ont le droit d'exercer toutes les actions qui appartenoient à ceux auxquels ils ont succédé (2), excepté les actions qui ne regardoient que la personne du défunt, & qui n'étoient pas transmissibles.

Les actions criminelles ne se transmettent

(1) L. 1 & 2, cod. qui legitim. person.

(2) L. 14, cod. de jure delib.

mettent point, à moins que le défunt n'ait commencé de les exercer : ainſi un héritier ne peut pas demander vengeance à la Juſtice des injures faites au défunt qu'il repréſente, ſi le défunt offenſé n'a pas lui-même, avant ſa mort, intenté l'action pour obtenir cette vengeance (1).

Comme l'héritier repréſente le défunt ſoit activement, ſoit paſſivement, il eſt tenu de remplir toutes les obligations que le défunt avoit contractées, & il eſt expoſé aux mêmes actions que lui (2); mais il ne peut pas être actionné criminellement pour un délit du défunt. Il eſt ſeulement permis d'agir contre lui par action civile, pour l'obliger à rendre ce dont il a profité par une ſuite du délit que le défunt avoit commis (3). Des actions qu'on exerce contre les héritiers.

Il en eſt de même pour les actions qui ſont fondées ſur le dol du défunt. Elles n'ont lieu contre ſon héritier que juſqu'à

(1) L. 13, ff. de injuriis.

(2) L. unic, cod. ut actiones & ab hæred.

(3) L. unic. cod. ex delict. defunct.

la concurrence du profit que ce dol lui a procuré : *totiens in haredem damus actionem de eo quod ad eum pervenit, quotiens de dolo defuncti convenitur* (1).

Regles touchant les actions réelles.

Les actions réelles ont cela de particulier, qu'elles peuvent être intentées contre des personnes qui ne sont obligées ni par leur propre fait, ni par le fait de ceux qu'elles représentent. On exerce ces actions contre tous tiers-détenteurs d'une propriété sur laquelle on a des droits réels (2).

Toutes les fois qu'on a intenté deux actions réelles, dont l'une est pour la propriété d'un certain fonds, & l'autre pour la possession de ce même fonds, l'action possessoire doit être jugée avant l'action pétitoire (3).

On doit observer à l'égard des actions réelles possessoires, que celui qui se trouve

---

(1) L. 9, in fine, ff. de tributor. act.

(2) L. 5. §. 1, ff. si ususfruct. petat. L. 1, cod. ubi in rem act.

(3) L. 3, cod. de interdictis.

possesseur de la propriété qui est en contestation, doit avoir la préférence sur celui qui veut le dépouiller de cette propriété, lorsqu'il y a quelque doute sur les droits du Demandeur.

Le demandeur doit-il expliquer quelle action il exerce.

Il n'est pas necessaire que le demandeur s'explique sur l'action qu'il prétend exercer : c'est au Juge à examiner si la demande faite à son Tribunal est fondée sur quelque action légitime (1).

De la divisibilité des actions.

Comme les obligations sont divisibles, les actions le sont aussi, soit relativement à ceux qui se sont obligés, soit relativement à ceux qui ont stipulé l'obligation (2). Voyez comment les obligations sont divisibles dans la Section IV, Chapitre II, Partie III.

Des priviléges qui réduisent les actions.

Toutes les actions que les peres ou meres intentent contre leurs enfans, ou que les enfans intentent contre leurs

(1) Arg. l. 29, §. 7, ff. deliber. & posthum. hæred.

(2) L. 51, ff. de judiciis.

peres ou meres (1), le donataire contre son donateur (2), un associé contre son associé (3), la femme contre son mari pour la restitution de sa dot (4), doivent être réduites de maniere que ceux contre lesquels on agit, ne restent pas dans l'indigence.

Ce privilege que les loix accordent à ces personnes, pour les dettes dont elles sont redevables les unes envers les autres, n'a pas lieu en faveur de ceux qui se sont rendus cautions pour elles (5). Bien plus, ceux qui succedent à ces personnes, ne peuvent pas user de leur privilege qui n'est que personnel & ne se transmet point (6).

Comment cessent les actions.

Les obligations étant le fondement des actions, il s'ensuit que dès que les obligations

(1) L. 16 & 17, ff. de re judic.

(2) L. 19, §. 1, ff. eod.

(3) L. 16, ff. eod. & l. 63, ff. pro socio.

(4) L. 17, ff. de re judic.

(5) L. 24, ff. eod. & l. 7, ff. de exceptionibus.

(6) D. l. 7 & l. 25, ff. de re judic.

s'éteignent, les actions s'éteignent également. On peut voir, touchant les moyens de faire cesser les actions, le dernier Chapitre de la troisieme Partie.

## CHAPITRE II.

*Des exceptions.*

### SECTION I.

*Des exceptions & de la maniere dont on divise les différentes especes d'exceptions.*

LES exceptions sont les motifs qu'on oppose contre les actions, pour les détruire (1).

On distingue les exceptions civiles d'avec les exceptions Prétoriennes. On appelle *civiles* celles qui sont appuyées sur des dispositions expresses des loix, comme les exceptions de la loi falcidie, des Sénatus-Consultes Trébellianique, Macédonien &

(1) L. 7, §. 8, ff. de dolo malo.

Velléïen, ou les exceptions de division & de discussion. On appelle *Prétoriennes* les exceptions qui ont été établies par le Préteur, ou qui doivent tout leur effet à l'office du Préteur, c'est-à-dire du Juge, comme sont les exceptions du dol & du serment.

On distingue aussi les exceptions personnelles d'avec les exceptions réelles : celles qui dérivent d'un droit personnel qui n'est pas transmissible, sont personnelles; celles qui se fondent sur un droit relatif ou inhérent à la chose, qui est l'objet de l'action contre laquelle on se défend, sont réelles.

La principale division des exceptions se fait en exceptions péremptoires, dilatoires & modificatives.

Les exceptions péremptoires sont immédiatement opposées à l'action, & la détruisent absolument.

Les exceptions dilatoires ne servent qu'à retarder l'effet de l'action, ou à l'éluder pour raison du lieu, du temps auquel elle est intentée, pour raison du Juge auquel elle a été portée, ou relativement à la qualité des perſonnes qui l'ont exercée.

Les exceptions modificatives ſont celles qui, ſans être péremptoires ni dilatoires, modifient ou réduiſent les effets de l'action intentée.

Parcourons, en ſuivant cette diviſion, chaque exception en particulier.

## SECTION II.

### *Des exceptions péremptoires.*

LES principales exceptions péremptoires ſont, 1°. celle de l'*extinction de l'obligation.* Nous avons déjà vu dans le dernier Chapitre de la troiſieme Partie, comment s'éteignent les obligations; ainſi, ſans nous arrêter à cette exception, il ſuffit de dire, relativement à la compenſation qui eſt un des moyens d'éteindre les obligations, qu'on peut l'oppoſer pour exception, ſoit avant, ſoit après le jugement de la cauſe (1).

(1) L. 2, cod. de compenſat.

2°. L'exception *non numeratæ pecuniæ.* Ceux qui, en contractant une obligation pour le prix de laquelle ils ont déclaré avoir reçu une certaine somme, parce qu'ils ont cru qu'ils l'alloient recevoir, n'ont pourtant pas reçu cette somme, peuvent se servir de l'exception non *numeratæ pecuniæ* contre ceux qui exigent l'exécution de leur obligation (1).

On ne peut se servir de cette exception que pendant deux années, à compter du jour auquel on a déclaré avoir reçu la somme dont il s'agit (2).

Si celui qui pouvoit opposer cette exception, vient à mourir, avant que les deux années qui suffisent pour la prescrire, se soient écoulées, il la transmet à ses héritiers qui peuvent s'en servir jusqu'à ce que le temps de la prescription soit expiré (3).

Non-seulement cette exception peut

(1) L. 1, cod. de non numeratâ pecun.

(2) L. 14, in princ. cod. eod.

(3) L. 8, cod. de non numeratâ pecun.

être employée par le principal obligé, mais encore par les fidéjusseurs (1).

On peut renoncer expressément ou tacitement à l'exception non *numeratæ pecuniæ*. Lorsque celui qui a déclaré avoir reçu une certaine somme, & qui s'est exprimé d'une maniere à montrer qu'il ne vouloit point du tout l'exiger, mais qu'il vouloit qu'on le regardât comme s'il l'avoit réellement reçue, ne peut plus opposer cette exception (2). Il est présumé y avoir renoncé.

L'exception non *numeratæ pecuniæ* a lieu, non-seulement pour les sommes qui n'ont pas été remises & qui devoient l'être, mais aussi pour toutes les autres choses qui sont fongibles & qui se prennent au poids, ou à la mesure, ou à la quantité (3).

3°. L'exception *rei venditæ*. Elle a lieu contre ceux qui réclament la propriété d'un meuble ou d'un immeuble sur lequel ils ont acquis des droits prétendus, mais n'ont

---

(1) L. 12, cod. de non numeratâ pecun.

(2) L. 13, cod. eod.

(3) L. 18, cod. de episcop. audient.

acquis ces droits qu'après que ce meuble ou immeuble a été vendu à une autre personne : ainsi, entre différens acheteurs d'une même chose, celui qui est le premier en date, a la préférence sur les autres, en se servant contre eux de l'exception *rei venditæ* ; ce qui est vrai, quand même celui qui a vendu n'auroit pas été le propriétaire de ce qu'il a vendu au temps de la vente faite au premier acheteur, & quand même il n'auroit passé les ventes postérieures qu'après être devenu propriétaire de la chose vendue (1).

L'acheteur peut se servir de l'exception *rei venditæ*, pour conserver ce qu'il a acheté d'un mandataire qui avoit le pouvoir de vendre ; mais il ne peut pas s'en servir, si ce mandataire a passé la vente pour un moindre prix que celui qu'on lui avoit fixé en lui donnant ses pouvoirs (2).

4°. L'exception *de dolo*. C'est celle qui

---

(1) L. 2, ff. de exceptione rei vendit.

(2) L. 1, §. 3, ff. eod.

est fondée sur les moyens frauduleux qui ont été employés par quelqu'un pour se procurer le titre de son action (1), ou pour abuser des dispositions des loix qui sont en sa faveur (2).

Cette exception a lieu dans les mêmes cas que l'action de dol (3). On peut l'opposer contre les mineurs qui ont usé de dol, & même contre les impuberes qui sont capables de malice. Le dol peut aussi être opposé contre des insensés, si ce dol est venu de leur part dans des instans lucides, où ils étoient capables de réflexion (4).

Les tuteurs doivent être inculpés du dol dont ils ont usé, quoiqu'ils n'en aient usé que pour augmenter les biens des pupilles. Ce dol peut néanmoins être opposé pour exception contre les pupilles, s'ils en ont retiré quelque profit (5). Voyez sur cela

---

(1) L. 36, ff. de verbor. oblig.

(2) L. 1, ff. de doli & metûs except.

(3) L. 2, §. in princip. ff. eod.

(4) L. 4, §. 26, ff. eod.

(5) L. eâd. §. 23.

ce qui a été dit touchant les actions *de dolo*.

Il en est de même pour le dol dont les curateurs ont usé, & qui a tourné au profit des mineurs, des insensés ou des prodigues (1) dont ils gerent les affaires.

Le créancier qui a lui-même causé la perte de la chose qui lui étoit due, & qui étoit entre les mains de son débiteur, peut être repoussé par l'exception de dol, s'il agit pour le paiement de sa créance (2).

Celui qui a contracté une obligation par erreur, peut aussi se servir de l'exception du dol, pour se soustraire à l'exécution de son obligation (3).

5°. L'exception *quod metûs causâ*. Celle-ci produit les mêmes effets que l'exception *de dolo*. On s'en sert contre les actions fondées sur des titres qu'on s'est procuré par des violences ou par des menaces,

---

(1) L. 4, §. 25, de doli & metûs except.

(2) L. 6, ff. eod.

(3) L. 7, ff. eod.

& elle a lieu dans les mêmes cas que l'action *quod metûs causâ* (1).

Un fils de famille ne peut se servir de l'exception *quod metûs causâ* pour raison des violences qui ont été employées contre lui par son pere tant qu'il a resté sous sa puissance, à moins qu'il ne renonce à l'hérédité paternelle (2).

6°. L'exception du *Sénatus-Consulte Macédonien* qui annulle les obligations des fils de famille. Ce Sénatus-Consulte tire son nom de *Macédo*, fameux usurier à Rome, qui, pour inspirer aux fils de famille de faire mourir leur pere, leur disoit, *je vous prêterois de l'argent tant que vous voudriez, si vos peres étoient morts.*

Les obligations des fils de famille ne sont annullées par ce Sénatus-Consulte, que lorsqu'elles procédent d'un prêt d'argent, ou d'autres actes qui favorisent la dissipation de leurs biens ; mais non lorf-

(1) L. 4, §. 33, ff. de doli & metûs except.
(2) L. eâd. §. ult.

qu'elles procedent d'un acte d'achat, de bail, ou d'autres semblables (1).

Les fils de famille s'obligent valablement pour toutes sortes de contrats jusqu'à la concurrence de leur pécule castrense (2), ou quasi-castrense.

Le droit d'opposer l'exception du Macédonien contre l'obligation d'un fils de famille, appartient non-seulement à ce fils de famille, mais encore à son pere, à ses héritiers, & à ceux qui se sont rendus fidéjusseurs de son obligation (3).

Il y a des cas auxquels l'exception du Macédonien n'a pas lieu. C'est, 1°. lorsque le pere a su qu'on devoit prêter de l'argent à son fils, & y a donné son consentement tacite, en ne témoignant point qu'il désapprouvoit ce prêt (4); 2°. lorsque le créancier qui a stipulé l'obligation du fils de famille, l'a cru pere de famille, & a

(1) L. 3, §. 3, ff. de Senat. Maced.

(2) L. 2, ff. eod.

(3) L. 9, §. 3, ff. eod.

(4) L. 12, ff. eod.

été fondé à le croire tel, parce qu'on le croyoit tel publiquement, ou parce qu'il l'a vu gérer ses affaires de même que s'il étoit tel (1), ou lorsqu'il a été trompé par le fils de famille qui lui a assuré qu'il étoit pere de famille (2); 3°. lorsque l'argent que le fils de famille a reçu en prêt, a été employé pour les affaires de son pere (3); 4°. lorsque le pere a ratifié l'obligation de son fils expressément ou tacitement, en payant une partie de la dette, ou lorsque le fils de famille lui-même a confirmé son obligation après être devenu pere de famille (4); 5°. lorsque la somme pour laquelle il s'est obligé lui a été prêtée pour ses études (5); 6°. lorsque l'obligation qu'il a contractée est pour une somme qui lui étoit nécessaire, comme dans le cas où un fils de famille envoyé par son

---

(1) L. 3, in princip. ff. de Senat. Maced.
(2) L. 1, cod. eod.
(2) L. 7, §. 12, ff, eod.
(4) L. eâd. §. ult. L. 2, cod. eod,
(5) D. l. 7, §. 13, ff. eod.

pere dans un pays éloigné pour y faire ses études, ou pour des affaires, s'y trouve avoir besoin d'argent pour des dépenses nécessaires que son pere lui fourniroit vraisemblablement, s'il étoit à portée de le faire. (1) Enfin le Sénatus-Consulte n'a pas lieu pour les obligations qu'un fils de famille a contractées comme fidéjusseur, parce que, dans ce cas, on ne peut pas dire qu'il se soit obligé pour avoir de l'argent à dissiper en folles dépenses, à moins que la somme reçue par celui dont il s'est rendu fidéjusseur, n'ait dû lui être remise en tout ou en partie, & que cela n'ait été qu'un moyen pris pour éluder l'effet de la loi (2).

7°. L'exception du *Sénatus-Consulte Velléien.* Toutes les obligations contractées par les femmes pour les affaires des autres (3), quand même ces obligations seroient pour assurer celles de leurs maris,

(1) L. 5, cod. de Senat. Maced.

(2) L. 7, in princip. ff. eod.

(3) L. 2, §. 4, ff. ad Senat. Velleïan.

de

de leurs peres, ou de leurs enfans (1), ſont annullées par le Sénatus-Conſulte.

Quoique les femmes puiſſent, en vertu du Sénatus-Conſulte Velléïen, ſe défendre d'accomplir les obligations qu'elles ont contractées pour les dettes d'autrui, elles ne peuvent néanmoins répéter, *condictione indebiti*, les ſommes qu'elles ont payées pour les dettes d'autrui (2), lorſqu'il n'y avoit point de leur part d'obligation précédente pour cela. Mais, lorſque c'eſt enſuite d'une obligation précédente, qu'une femme a payé la dette d'autrui, elle peut demander, *condictione indebiti*, la reſtitution de ce qu'elle a payé : ce qui doit avoir lieu, dans le cas ſeulement qu'elle ait ignoré, en payant, le privilege que le Sénatus-Conſulte lui accordoit (3).

Il n'y a pas lieu à l'exception du Velléïen dans les cas ſuivans : 1°. lorſque les femmes qui ſe ſont obligées, ſachant que

(1) L. 2, §. 5 & 6, ff. ad Senat. Velleïan.

(2) L. 1, cod. eod.

(3) L. 9, cod. eod.

leurs obligations feroient nulles, ont voulu tromper par là ceux avec lefquels elles ont contracté : *nam deceptis, non decipientibus opitulatur* (1) ; 2°. lorfque la fomme pour laquelle elles fe font obligées, devoit être employée pour leurs propres affaires (2), ou devoit tourner à leur profit (3) ; 3°. lorf-qu'elles ont reçu quelque fomme pour le prix de leur obligation (4) ; 4°. fi celui en faveur duquel une femme s'eft obligée, a ignoré qu'elle fe fût obligée (5) ; 5°. fi l'obligation que la femme a contractée, étoit pour délivrer fon mari des prifons (6).

Les obligations paffées par une mere, pour affurer une dot à fa fille, ne font pas détruites par le Sénatus-Confulte (7). Il

(1) L. 2, §. 3, ff. ad Senat. Velleïan.
(2) L. 13, ff. eod.
(3) Novell. 134, cap. 8.
(4) L. 23, cod. ad Senat. Vell.
(5) L. 4 & 17, ff. eod.
(6) Arg. l. 21, ff. foluto matrim.
(7) L. 12, cod. ad Senat. Vell.

y a plus : les obligations qu'une femme contracte, pour la dot de quelque fille que ce soit, ne sont pas annullées, pourvu que celle qui s'oblige, ait atteint l'âge de majorité (1).

Il est permis aux femmes de renoncer à l'exception du Sénatus-Consulte Velléïen, en assurant qu'elles sont pleinement instruites du privilege que ce Sénatus-Consulte établit pour elles (2). Cette renonciation peut être tacite : par exemple, si une femme s'oblige pour une dette, deux années après s'être obligée pour la même dette, sa seconde obligation n'est pas nulle comme la premiere : on présume, par cette obligation géminée, qu'elle a voulu renoncer au Sénatus-Consulte (3).

Toutes ces renonciations expresses ou présumées n'ont pas lieu à l'égard des obligations passées pour les dettes des maris,

(1) L. 25, cod. ad Senat. Vell. L. 9, §. 1, ff. de minoribus.

(2) L. 32, §. 4, ff. ad Senat. Velleïan.

(3) L. 22, cod. eod. Novell. 61.

parce qu'on doit toujours croire, malgré ces renonciations, que les obligations passées par les femmes, pour leurs maris, ont été passées par complaisance pour eux, & ces obligations sont toujours nulles de plein droit (1) *.

8°. L'exception *de jurejurando.* Lorsqu'une des Parties plaidantes a déféré le serment à l'autre Partie, pour assurer la vérité d'un fait dont dépend la décision de la cause, elle est obligée de tenir pour vrai ce qui a été affirmé par ce serment décisoire, & de subir le jugement qui en est la suite (2). Si elle veut poursuivre son action, malgré le jugement fondé sur le serment de son adversaire, on peut lui opposer l'exception *de jurejurando.*

(1) Novell. 134, cap. 8.

* Il y a des pays où l'usage est reçu d'admettre en faveur des maris la renonciation au Velléïen. Cet usage est reçu en France dans les Provinces où le Velléïen est admis; car dans la plupart des Provinces, le Velléïen n'est pas reçu suivant l'Edit du mois d'Août 1606.

(2) L. 7 & 9, ff. de jurejurando.

Cette exception *de jurejurando* a autant de force & produit les mêmes effets que l'exception *rei judicatæ* (1).

9°. L'exception de *divifion*. Celui qui n'eft obligé que pour une portion d'une dette, peut oppofer cette exception contre le créancier qui agit contre lui pour la totalité de cette dette. C'eft principalement en faveur des fidéjuffeurs que cette action a été établie.

Autrefois le cautionnement prêté par plufieurs perfonnes, pour une même dette, emportoit une obligation folidaire contre chacune de ces perfonnes (2). A préfent il eft permis à un des co-fidéjuffeurs qui eft actionné pour toute la dette, de demander que le créancier divife fon action entre les autres co-fidéjuffeurs (3). C'eft ce qu'on appelle *bénéfice de divifion*.

Le bénéfice de divifion n'a lieu qu'entre

---

(1) L. 1, in princip. ff. quarum rerum actio non datur.

(2) Inftit. tit. 21, §. 4.

(3) L. 27, §. 2, ff. de fidejuff. & mend.

les co-fidéjusseurs qui ont cautionné pour la même dette & pour le même débiteur (1), & contre les co-fidéjusseurs qui se trouvent solvables lors de la division de l'action (2).

L'exception de division étant une exception péremptoire, il s'ensuit que, si, lors de la contestation en cause, l'action a été divisée entre tous les fidéjusseurs qui étoient alors solvables, quoique quelqu'un de ces fidéjusseurs soit ensuite devenu insolvable, le créancier ne peut plus revenir contre les autres, pour la part de ces fidéjusseurs devenus insolvables (3).

Il suit encore delà que, si le créancier a volontairement divisé son action entre tous les fidéjusseurs, lorsqu'il a formé sa demande, quoique déjà quelqu'un de ses fidéjusseurs fussent insolvables, il n'est plus recevable à demander la portion de ceux-

(1) L. 43 & 51, §. 1, ff. de fidejuss.

(2) L. 27, §. 2, ff. eod.

(3) L. 51, §. 4, & 52, §. 1, ff. eod.

ci aux autres fidéjusseurs solvables (1).

Les fidéjusseurs qui ont dénié de mauvaise foi leur cautionnement, sont exclus du bénéfice de division (2).

Lorsqu'un fidéjusseur a opposé l'exception de division, & qu'il est survenu contestation sur la solvabilité des co-fidéjusseurs, il peut, en payant sa part, & en offrant de courir tous les risques, demander qu'avant dire droit, le créancier soit tenu de discuter ces co-fidéjusseurs (3).

Si un fidéjusseur a cautionné conjointement avec une femme, il est chargé du total de la dette, parce que le cautionnement de la femme est nul. Il ne peut profiter, dans ce cas, du bénéfice de division (4). Mais s'il a cautionné conjointement avec un mineur, il est seulement tenu d'une portion de la dette, & non du

---

(1) L. 16, cod. de fidejuss.

(2) L. 10, §. 1, ff. eod.

(3) L. eâd. in princip.

(4) L. 48, in princip. ff. eod.

total, quoique dans la suite le mineur soit relevé de son obligation (1).

Comme tous les fidéjusseurs d'une même dette sont présumés être solidairement obligés, avant que l'action soit divisée, si l'un d'eux vient à payer le total de la dette, il n'a pas droit d'exiger du créancier, *condictione indebiti*, la restitution des portions des autres fidéjusseurs qu'il a payées (2). Mais il lui reste, suivant les principes de la jurisprudence françoise, une action contre chacun des co-fidéjusseurs, pour être remboursé de la portion de la dette qu'il a payée pour eux.

10°. L'exception *rei judicatæ*. On appelle ainsi l'exception qu'on oppose contre celui qui intente la même action que celle qui a été déjà jugée (3).

Pour que cette exception soit recevable, il faut que la demande déjà jugée, soit précisément la même que celle dont il s'agit

(1) L. 48, §. 1, ff. de fidejuss.

(2) L. 49, ff eod.

(3) L. 5 & 6, ff de except. rei judicat.

de nouveau ; ſavoir, que l'objet de la demande ſoit le même, que la demande ſe fonde ſur les mêmes titres & les mêmes qualités des Parties (1), qu'elle ſoit faite par les mêmes perſonnes contre les mêmes perſonnes (2), ou par les repréſentans des mêmes perſonnes contre les repréſentans des mêmes perſonnes, tels que ſont les ſucceſſeurs univerſels ou particuliers (3).

La raiſon pour laquelle l'exception *rei judicatæ* n'a lieu qu'entre les mêmes perſonnes, entre leſquelles le premier jugement a été rendu eſt que les jugemens n'affectent point ceux qui n'y ſont pas intervenus (4). Cependant on peut ſe ſervir de l'exception *rei judicatæ*, contre d'autres perſonnes que celles qui ſont intervenues au jugement, lorſque la choſe jugée eſt un droit indiviſible entre les perſonnes qui ont com-

---

(1) L. 14, in princip. ff. de excep. rei Jud.

(2) L. 7, §. 4, ff. eod.

(3) L. 28, ff. eod.

(4) L. 1, ff. eod. & l. 63, ff. de re judicat.

paru au jugement & ces autres perſonnes qui n'y ont pas comparu (1).

On peut auſſi employer l'exception *rei judicatæ* contre une action jugée, qui eſt intentée une ſeconde fois, quoiqu'elle ait été jugée par d'autres perſonnes ou contre d'autres perſonnes, ſi c'eſt une action *in rem* & qui ſoit fondée ſur les mêmes titres que ceux qui avoient été préſentés lors de la premiere action (2).

Nonobſtant la regle, le plus contient le moins, quelqu'un qui a ſuccombé dans l'action pour le plus, peut être admiſſible dans l'action pour le moins : ainſi, par exemple, un jugement déjà rendu qui rejette une action intentée pour obtenir le droit d'un grand chemin dans le terrein d'autrui, n'empêche pas qu'on agiſſe pour obtenir un droit de paſſage dans ce même terrein (3).

On ne peut pas oppoſer l'exception *rei*

(1) L. 4, §. 3, ff. ſi ſervitus vindicetur.
(2) L. 14, §. 2, ff. de exception. rei judic.
(3) L. 11 §, . 6, ff. eod.

*judicata* contre celui qui intente la même action que celle qu'il avoit déjà intentée, & sur laquelle il avoit été condamné, lorsqu'il offre de prouver que la Sentence a été rendue sur des pieces fausses (1).

---

## SECTION III.

### *Des exceptions dilatoires.*

On compte parmi les exceptions dilatoires, 1°. l'exception *déclinatoire*. C'est celle par laquelle on oppose que le Juge est incompétent, & n'a pas le droit de juger l'action qui a été intentée pardevant lui.

Pour savoir comment se regle la compétence des Juges, il faut savoir quelles sont les causes dont la connoissance leur est attribuée (2).

Il y a des Tribunaux établis pour les causes de premiere instance; d'autres pour

---

(1) Tot. tit. cod si ex falsis instrumentis.

(2) L. 4, cod. si à non comp. jud.

les causes d'appel; d'autres qui sont bornés à la connoissance des causes d'une certaine nature, ou des causes dont l'objet ne va pas au-delà d'une certaine somme. Il y a des Tribunaux qui ont l'attribution des causes qui regardent des personnes privilegiées *.

On ne doit porter à chacun de ces Tribunaux que les causes dont ils peuvent connoître; autrement il y a lieu à décliner leur jurisdiction.

Pour regle générale, le Demandeur doit s'adresser au Juge du domicile du Défendeur : *actor sequitur forum rei* (1); ce qui a lieu sur-tout pour les actions personnelles.

Lorsqu'il est question d'une action réelle contre des immeubles, il faut s'adresser au Juge du lieu où les immeubles sont situés (2). Cependant le Demandeur qui

---

* Les privileges de ces personnes sont appellés *committimus*.

(1) L. 2, cod. de jurisdict. omn. Judice, L. ult. cod. ubi in rem actio exerc.

(2) L. 20, ff. de jurisdictione.

exerce une action réelle, peut l'intenter, s'il lui plaît, pardevant le Juge du domicile du Défendeur (1).

Aussi-tôt qu'une femme est mariée, elle est justiciable, pour raison du domicile, du même Juge dont le mari est justiciable (2).

Il faut proposer les exceptions déclinatoires avant la contestation en cause, sans quoi elles ne sont point admissibles (3), parce que celui qui ne décline pas le Tribunal où il a été assigné, est présumé se soumettre à sa jurisdiction (4).

Ce que nous venons de dire touchant l'exception déclinatoire, ne regarde que les actions civiles. Quant aux actions criminelles, elles peuvent être intentées pardevant le Juge du lieu où l'on trouve le coupable (5), parce qu'il est de l'intérêt

---

(1) L. ult. cod. ubi in rem actio exerc.

(2) L. 9, cod. de incolis.

(3) L. 4, cod. de jurisdict. omn.

(4) L. 2, ff. de judiciis.

(5) L. 1 & 2, cod. ubi de criminibus agi oportet.

public que les crimes ne restent pas impunis, & que par-tout les criminels trouvent des Juges prêts à les condamner. Ordinairement les actions criminelles sont poursuivies devant le Juge du lieu où le crime a été commis.

2°. L'exception de *récusation de Juge.* La différence qui est entre celle-ci & l'exception déclinatoire, consiste en ce que, par l'exception déclinatoire, on prétend n'être pas justiciable du Tribunal, &, par l'exception de récusation de Juge, on prétend seulement ne pas être jugé par celui qui remplit le Tribunal, pour des raisons qui le regardent personnellement, & on demande qu'un autre Juge soit subrogé à sa place, pour décider la cause dont il s'agit.

On n'est pas fondé à récuser un Juge, à moins que l'on n'ait contre lui des motifs légitimes de suspicion, comme s'il s'est rendu suspect de vouloir favoriser une partie au préjudice de l'autre, s'il a lui-même un intérêt dans la cause, ou si c'est la cause de son épouse, de ses enfans, ou de ses domestiques (1).

Si celui qui remplit un Tribunal, vient à tomber en démence, les Parties qui plaident pardevant lui peuvent le récuser; mais quand elles ne le récuseroient pas, sa Sentence seroit toujours nulle, parce qu'il est devenu absolument incapable de juger (2).

3°. L'exception appellée *procuratoria.* On emploie cette exception (3) contre les personnes qui soutiennent un procès en qualité de Procureurs, lorsque l'acte qui les établit Procureurs est nul : telle est la procuration faite par un mineur, sans être assisté de son curateur (4).

C'est à celui qui oppose la nullité d'une procuration, à fournir la preuve de cette nullité (5).

---

(1) L. 10, ff. de jurisdictione.

(2) L. 12, §. 2, ff. de judiciis.

(3) L. 3, in fine, ff. de exceptionibus.

(4) L. 11, cod. de Procurator.

(5) L. 19, §. 2, ff. de probationibus.

4°. L'exception *de discussion*. C'est un droit attribué aux fidéjusseurs par la Novelle IV, Cap. I, qui leur permet d'obliger le créancier, qui leur demande le paiement de la dette, à discuter auparavant les biens du débiteur principal. Cela n'étoit pas permis suivant les loix précédentes.

5°. L'exception *de faux* ou l'*inscription en faux*. C'est celle par laquelle on s'élève contre la vérité du titre sur lequel l'action est fondée. Cette exception est dilatoire, parce qu'avant de juger sur l'effet d'un titre, on doit juger sur l'existence réelle & légale de ce titre. Elle est différente des autres exceptions dilatoires, en ce qu'elle est accordée en tout état de cause, même après le jugement, pourvu qu'on prouve que le jugement étoit fondé sur les titres prétendus faux (1). On peut même revendiquer, *condictione indebiti*, le paiement qu'on a fait en vertu d'un pareil jugement,

(1) L. 3 & 4, cod. si ex falsis instrum.

si on n'a découvert qu'après la fausseté des actes sur lesquels le jugement a été rendu (1).

6°. L'exception de *non-échéance*. Le débiteur qui est actionné pour une dette qui n'est pas encore échue, a le droit d'opposer cette exception.

On pourroit regarder cette exception comme péremptoire, parce qu'effectivement elle est péremptoire, tant que le motif de la non-échéance dure ; mais comme on appelle précisément péremptoires les exceptions qui peuvent être opposées en tout temps, & dans tous les Tribunaux, il faut regarder celle-ci comme dilatoire, d'autant mieux que son objet n'est réellement que de retarder l'effet de l'action.

Lorsque le Demandeur a subi condamnation pour avoir demandé ce qui lui étoit dû avant l'échéance, il n'est pas recevable à demander de nouveau sa créance après qu'elle est échue, s'il n'a préalablement

(1) L. 11, ff. de exceptionibus.

payé les frais occasionnés à son débiteur par sa premiere action (1).

Les tuteurs ou curateurs qui ont mal-à-propos agi au nom de ceux qui sont sous leur autorité, pour le paiement d'une dette non échue, sont tenus personnellement des frais qu'ils ont occasionnés (2).

7°. L'exception *de eo quod certo loco.* C'est celle qui appartient au créancier, lorsque son débiteur veut l'obliger de recevoir paiement ailleurs que dans le lieu fixé par la convention. Cette exception appartient aussi au débiteur, lorsque son créancier veut l'obliger à payer dans un autre lieu que celui dont on est convenu (3).

8°. On peut compter parmi les exceptions dilatoires, celles qui sont opposées par le Défendeur, pour faire renvoyer le jugement d'une action particuliere au jugement d'une action générale où elle est com-

---

(1) L. 1, in princip. cod. de plus-petition.

(2) L. 2, cod. eod.

(3) L. 9, ff. de eo quod certo loco.

prise (1) : par exemple, l'action en demande d'une hérédité comprend toutes les actions particulieres qu'on peut avoir sur cette hérédité.

Il y a d'autres exceptions dilatoires fondées sur ce que les Demandeurs n'ont pas le droit d'exercer par eux-mêmes l'action dont il s'agit : tels sont les impuberes, les mineurs, les interdits, ceux qui sont sous la puissance paternelle (2), & les insensés (3); ils ne peuvent exercer une action, sans être autorisés par leurs peres ou leurs tuteurs ou curateurs.

*Vice versâ*, il y a des exceptions dilatoires qui viennent de ce que le Défendeur ne peut pas lui-même ester en jugement : tels sont ceux qui sont sous la puissance paternelle ou sous l'autorité d'un tuteur ou curateur (4).

Enfin les exceptions dilatoires peuvent

---

(1) L. 54, ff. de judiciis.

(2) L. 1, in fine, ff. de postulando.

(3) L. 7, ff. de curator. furios.

(4) L. 22, ff. de in jus vocando.

être fondées sur les défauts de formalités qui devoient s'observer, ou au commencement, ou dans le cours de l'instance : ce qui se regle suivant la pratique judiciaire qui est en vigueur dans chaque Tribunal.

---

## SECTION VI.

### *Des exceptions modificatives.*

Voici quelles sont les exceptions modificatives.

1°. La principale exception modificative vient du privilege accordé par les loix à certaines personnes, pour que les actions intentées contre ces personnes soient réduites de maniere qu'elles ne tombent pas dans l'indigence (1). Voyez quelles sont les personnes en faveur desquelles les actions doivent être réduites, dans la derniere Section du Chapitre précédent.

2°. L'exception *de plus-petitione* est une

---

(1) L. 16 & seqq. ff. de re judicat.

exception qui fait réduire dans ses justes bornes l'action de celui qui demande plus que ce qui lui est dû. Ce qui a eté dit dans la précédente Section, touchant l'exception de *non-échéance*, a lieu à l'égard de la plus-pétition : savoir, les frais du procès sont à la charge de celui qui les occasionne par la plus-pétition, & les tuteurs ou curateurs qui demandent au nom des pupilles ou mineurs plus que ce qui est dû, sont chargés personnellement des frais de la plus-pétition (1).

L'action par laquelle on demande plus que ce qui est dû, étoit tellement réprouvée par les Loix Romaines, qu'elles condamnoient le Demandeur à payer au Défendeur le triple de ce qu'il lui avoit demandé de trop (2). Elles punissoient même celui qui excédoit dans ses prétentions ce qu'il avoit droit de demander en Justice en le déclarant déchu des justes prétentions qu'il

(1) L. 2, cod. de plus-petit.

(2) L. eâd. in fin.

avoit (1). Il n'y a point de peine en France pour la plus-pétition.

3°. L'exception du *rapport des biens* est celle qu'on oppose contre les co-héritiers qui demandent leur portion d'hérédité, pour les obliger à précompter & à déduire ce qu'ils possédent déjà de cette hérédité.

Cette exception a lieu contre ceux qui demandent un droit de légitime sur l'hérédité d'un parent, pour qu'ils admettent, à compte de leur légitime, ce qu'ils ont reçu de ce parent par donation entre-vifs ou autrement (2) *.

Lorsqu'il s'agit d'une succession, on ne peut pas exiger le rapport des biens, de la part de ceux qui renoncent à leurs droits sur cette succession (3).

4°. L'exception du bénéfice d'inventaire

---

(1) L. 1. cod de plus-petit.

(2) L. 1, cod. de inoff. donat.

* Voyez dans la II Partie, Section du rapport des biens.

(3) L. 25, cod. famil. ercisc.

eſt celle qui réduit les créances héréditaires, ſuivant les facultés de l'hérédité (1). Voyez la Section du bénéfice d'inventaire, Partie II.

Lorſque le temps fixé pour terminer l'inventaire, ne s'eſt pas encore écoulé, & que l'héritier bénéficiaire eſt actionné par les légataires ou par les créanciers de l'hérédité, il peut ſe ſervir contre eux de l'exception du bénéfice d'inventaire, pour les arrêter dans la pourſuite de leur action (2).

5°. L'exception de *ceſſion des biens* eſt modificative, en ce que, ſans détruire les actions des créanciers (3), elle les oblige d'attendre que le diſcuté ſoit revenu en meilleure fortune. Voyez la Section derniere, Chap. VI, Part. III.

6°. L'exception des *améliorations* faites de bonne foi par le poſſeſſeur d'un fonds, eſt une exception modificative que le poſ-

---

(1) L. ult. §. 11, cod. de jure delib.

(2) L. 22, §. 6, cod. eod.

(3) L. 1, cod. qui bonis cedere poſſunt.

ſeſſeur peut oppoſer, lorſqu'il eſt évincé de ce fonds, pour qu'on lui rembourſe toutes les dépenſes qui ont ſervi à l'améliorer (1).

Il faut obſerver que celui qui étant évincé d'une propriété, prétend le rembourſement des dépenſes qu'il y a faites, doit compenſer ces dépenſes avec les fruits qu'il a retirés des améliorations (2).

7°. L'exception *de in rem verſo* peut être comptée parmi les exceptions modificatives. On l'oppoſe contre ceux qui intentent une action en reſciſion d'obligation, pour les obliger de tenir compte au Défendeur des ſommes ou autres choſes qu'ils ont reçues de lui lors du contrat, & qui ont tourné à leur profit. Cette exception a lieu dans les mêmes cas que l'action *de in rem verſo*. Voyez la Section des actions mixte.

8°. Enfin on regarde comme des ex-

---

(1) L. 48, ff. de rei vindicat. L. 16, cod. de evictionibus.

(2) Leg. iiſdem.

ceptions modificatives, celles qui sont fondées sur la loi falcidie & sur le Sénatus-Consulte Trébellianique, parce qu'elles réduisent les actions pour les legs, ou pour les substitutions, de maniere qu'il reste à l'héritier institué ou substitué un quart de l'hérédité. Voyez les Sections de la falcidie & du Sénatus-Consulte Trébellianique, Partie II.

## SECTION V.

*Regles générales touchant les exceptions.*

IL est permis à un Défendeur de présenter à la fois plusieurs exceptions, quoiqu'elles soient toutes différentes (1); ce qui n'est pas de même à l'égard du Demandeur, qui ne peut exerçer ensemble différentes actions pour le même objet (2).

Toutes les exceptions ont cela de commun, que le Défendeur est aussi rigou-

(1) L. 8, ff. de exceptionibus.

(2) L. 43, ff. de regul. jur.

reusement tenu d'en fournir les preuves, que le Demandeur l'est de fournir celles qui établissent son action, sans quoi il doit être condamné (1). Il est néanmoins de regle que les Juges doivent toujours favoriser les Défendeurs de préférence aux demandeurs : *favorabiliores rei potiùs quàm actores videntur* (2).

Lorsque le Défendeur oppose contre une demande incidente & sommaire, des exceptions qui exigent un examen sérieux de titres & de preuves, le Juge ne doit pas statuer sommairement sur ces exceptions, mais les joindre & les renvoyer au jugement de la cause principale (3). Cependant, si les preuves du Défendeur sont prêtes, le Juge doit prononcer sans renvoyer au jugement principal (4)

Qui sont ceux qui peuvent opposer les exceptions.

Les représentans de ceux auxquels appartiennent les exceptions, peuvent les op-

(1) L. 9, cod. de exceptionibus. L. 19, ff. de probat.

(2) L. 125, ff. de regul. jur.

(3) L. 3, §. 13, ff. ad exhibendum.

(4) L. 3, ff. ut in possess. legat.

poſer de même qu'eux ; ainſi un héritier peut ſe ſervir des mêmes exceptions que celui dont il eſt héritier (1). Les acheteurs ont les mêmes exceptions qu'avoient leurs vendeurs (2). En un mot, le droit d'oppoſer les exceptions ſe tranſmet en faveur de tous ſucceſſeurs, ſoit univerſels, ſoit particuliers, & a lieu contre tous ſucceſſeurs, ſoit univerſels, ſoit particuliers (3).

Les fidéjuſſeurs peuvent auſſi ſe ſervir des mêmes exceptions que les débiteurs principaux (4), à moins que ce ne ſoient des exceptions purement perſonnelles aux débiteurs principaux (5).

Les exceptions purement perſonnelles ne peuvent pas même ſervir aux héritiers ou autres repréſentans du Défendeur. Telles ſont les exceptions des perſonnes privilégiées, qui ont le droit de demander

(1) L. 7, ff. de jurejurando.

(2) L. 11, §. 3, ff. de exception. rei judicat.

(3) L. 14, §. 3, ff. commun. divid.

(4) L. 6, ff. ſi quis cautionibus ; l. 19, ff. de exceptionibus.

(5) L. 7, ff. eod.

que l'action intentée contre eux soit réduite de maniere qu'elles ne tombent pas dans une extrême misere (1).

Dans quel temps les exceptions doivent être opposées.

Il est de regle que les exceptions péremptoires sont admissibles en tout état de cause. Il suffit qu'elles soient proposées avant le jugement définitif (2). Au contraire, les exceptions dilatoires doivent être présentées, discutées & jugées avant la contestation sur l'objet principal (3). Mais il suffit d'en fournir les preuves, après que le Demandeur a fourni les siennes (4).

Il y a des exceptions que les loix ont établies *in favorem reorum*, comme l'exception du Sénatus-Consulte Velléïen qui procéde d'une loi faite en faveur des femmes. En vertu des exceptions de cette espece, on peut réclamer, *condictione indebiti*, le paiement qu'on a fait, quoiqu'on

(1) L. 25, ff. de re judicat.
(2) L. 4 & 8, cod. de exception.
(3) L. 9 & 13, cod. de exception.
(4) L. 19, cod. de probationibus.

pût ne pas le faire par le moyen de ces exceptions (1).

Il y en a que les loix ont établies *in odium actorum* : telle est celle du Sénatus-Consulte Macédonien qui a pour but d'empêcher les usures de ceux qui favorisent les prodigalités des fils de famille. Celles-là ne mettent jamais en droit de répéter, *condictione indebiti*, ce qu'on a payé & qu'on auroit pû se dispenser de payer par le bénéfice du Sénatus-Consulte (2).

De la prescription.

La prescription anéantit les actions : c'est une peine portée contre la négligence de ceux qui ont des droits, & qui ne les exercent pas. Il n'en est pas de même des exceptions. Comme on ne peut s'en servir que quand on est actionné, on ne peut accuser de négligence ceux qui ne s'en servent pas, tant que le cas de s'en servir n'est pas arrivé. Ainsi la prescription n'a

(1) L. 40, ff. de condict. indebit.
(2) L. eâd.

pas lieu pour les exceptions : (1) *quæ ſunt temporalia ad agendum, ſunt perpetua ad excipiendum.*

Les Demandeurs peuvent repouſſer les exceptions des Défendeurs par d'autres exceptions que l'on nomme repliques. Chaque partie oppoſe à ſon tour de nouvelles armes contre celles qu'on tourne contre elle. Voyez au ſujet des repliques, les Inſtituts, lib. 4, tit. 24.

## CHAPITRE III.

*Sur quoi les actions & les exceptions doivent être fondées.*

CEUX qui exercent une action, ou ſe ſervent d'une exception, doivent s'appuyer ſur la diſpoſition expreſſe des loix ou des coutumes, ou ſur quelque titre, ou ſur quelque fait. Lorſqu'ils ont pour eux la diſpoſition des loix ou des coutumes, il leur ſuffit de l'alléguer ; il n'eſt pas néceſſaire qu'ils en four-

(1) L. 5, §. 6, ff. de doli & met. except.

nissent la preuve : mais lorsqu'ils agissent ou se défendent en vertu de quelque titre, ou sur le motif de quelque fait, ils sont obligés de donner la preuve de ce titre ou de ce fait. Il faut donc expliquer comment se font les différentes sortes de preuves.

---

## SECTION I.

### *Des preuves en général.*

LES preuves sont les moyens dont se servent les Demandeurs & les Défendeurs, pour constater aux yeux du Juge la vérité des motifs sur lesquels ils se fondent.

Il n'y a que les actions & les exceptions puisées dans la seule disposition des loix ou des coutumes, qui puissent être présentées sans preuves, parce qu'on suppose que chacun est instruit des loix & des coutumes (1). Mais pour être en droit de les présenter, il faut prouver qu'on est dans le cas marqué par la loi : par exem-

---

(1) L. 12, cod. de jur. & fact. ignor.

ple, celui qui veut, en actionnant, ou en se défendant, se servir du bénéfice de sa loi falcidie, doit prouver qu'il est héritier (1); celui qui veut se fonder sur le Sénatus-Consulte Macédonien, pour se soustraire à une obligation qu'il a contractée, doit prouver qu'il étoit sous la puissance paternelle, lorsqu'il a contracté cette obligation (2); ainsi des autres.

Qui est tenu de fournir les preuves.

C'est d'abord au Demandeur à fournir les premieres preuves, celles qui fondent son action. Jusqu'à ce qu'il les ait fournies, le Défendeur ne peut être condamné, quand même il n'allégueroit rien pour sa défense (3). C'est ensuite au Défendeur à détruire les preuves du Demandeur, en fournissant des preuves contraires: en cela, il devient Demandeur à son tour (4).

Cette regle est subordonnée à celle-ci,

(1) L. 17, ff. de probationibus.

(2) L. 1, §. 1, ff. ad Senat. Maced.

(3) L. 4, cod. de edendo; L. 1, cod. de probat.

(4) L. 9, cod. de exception.

qu'en

qu'en jugement celui qui affirme quelque chose, doit prouver la vérité de ce qu'il affirme, & celui qui nie la vérité de quelque chose, n'est pas tenu de prouver ce qu'il nie (1), parce qu'il est possible de prouver ce qui est positif, & il est impossible de prouver ce qui n'est qu'une pure négation (2).

Des négations.

Il y a néanmoins des négations qui peuvent & doivent être prouvées. Ce sont celles qui ne sont pas purement des négations, mais qui contiennent en elles-mêmes quelque affirmation : par exemple, celui qui, pour réclamer, *condictione indebiti*, un paiement qu'il a fait, allegue qu'il ne devoit point la somme payée, est obligé d'en donner la preuve (3), quoique ce qu'il allegue soit une négation, parce que cette négation contient quelque affirmation, comme celle que le paiement avoit été

(1) L. 2, ff. de probat.

(2) L. 23, cod. eod; l. 10, cod. de non numer. pecun.

(3) L. 25, ff. de probat.

déjà fait, ou que la dette avoit été éteinte ou que celui qui a reçu le paiement, n'avoit pas droit de le recevoir, ou enfin que l'obligation dont on a fait le paiement, étoit nulle de plein droit.

Celui qui nie qu'une émancipation soit faite régulièrement, est aussi tenu d'apporter les preuves de sa négation, parce qu'il affirme & suppose, par-là, quelque nullité réelle qui vicie l'émancipation (1).

Des diverses sortes de preuves.

On distingue plusieurs sortes de preuves légitimes : 1°. celles qu'on tire des écritures publiques & authentiques, ou des écritures privées ; 2°. celles qui se trouvent dans les dépositions des témoins entendus judiciairement ; 3°. celles qui résultent de certaines présomptions ; 4°. celles qu'on induit de l'aveu des Parties ; 5°. celles qui s'établissent sur un serment prêté.

---

(1) L. 5, §. 1, ff. de probat.

## SECTION II.

### *De la preuve littérale.*

LA preuve littérale eſt celle qui ſe trouve dans les écritures authentiques ou privées.

Les écritures authentiques ſont la rédaction d'un acte paſſé pardevant un Notaire, ou un Juge, ou autre Officier public, avec les formalités preſcrites par les loix (1).

Les écritures privées ſont celles qui ſe font entre les Parties, ſans l'intervention d'aucune perſonne publique

Il ne faut pas regarder les écrits publics ou privés, comme étant de l'eſſence des actes dont ils contiennent la rédaction. Ils ne ſont faits que pour en faciliter la preuve (2); de ſorte que, ſi ces écrits viennent à être perdus, les diſpoſitions qu'ils contiennent

(1) L. 10, ff. de probat.

(2) L. 4 & 5, ff. de fide inſtrument.

ne ſont pas pour cela détruites (1). Il eſt permis de s'en procurer la preuve par d'autres moyens *.

Si les actes ont été perdus, parce que celui qui avoit un intérêt à ce qu'ils fuſſent perdus, les a lui-même dérobés, il ſuffit qu'on prouve que c'eſt lui qui les a dérobés, pour qu'on ſoit remis à ſon égard dans la même ſituation que celle où l'on ſeroit ſi ces actes n'étoient pas perdus (2).

Lorſqu'on tire des preuves d'un acte public ou privé, on ne peut les tirer que des diſpoſitions poſitives de cet acte, & non des ſimples énonciations qui y ſont rapportées (3), ſi ce n'eſt dans certains cas.

Des écritures publiques.

Les écritures publiques & authentiques qui ſont faites avec toutes les formalités qui leur ſont néceſſaires fourniſſent une preuve complette (4).

---

(1) L. 1, cod. de fide inſtrument.

* Voyez la Section ſuivante.

(2) L. 20, cod. de probat.

(3) L. 10, & l. ult. ff. de probat.

(4) L. 18, cod. eod.

Il peut arriver qu'on ait supposé ou contrefait un acte public contenant une obligation contre un tiers. Alors ce tiers a le droit de s'inscrire en faux contre cet acte, & de fournir toutes les preuves possibles pour en prouver la fausseté. Une des preuves les plus puissantes dans pareil cas, c'est celle de prouver l'*alibi* (1). Cela s'applique également aux actes privés.

L'acte authentique, le plus fort qu'on puisse produire, pour preuve littérale, est celui d'un jugement qui porte autorité de chose jugée, c'est-à-dire, d'un jugement contre lequel celui qui est condamné ne peut plus revenir.

Ce qui a passé en force de chose jugée, ne peut servir comme preuve dans un autre jugement où il s'agit de la même chose, parce qu'il n'est pas possible de renouveller des contestations qui sont jugées sans appel; mais cela peut servir de

(1) L. 14, cod. de contrah. & committ. stipul.

preuve, lorſqu'il eſt queſtion de juger quelque objet relatif à la choſe jugée, & lorſqu'on veut tirer des conſéquences de la choſe jugée, relativement à ce qui eſt en conteſtation. Voyez ci-après, touchant l'autorité de la choſe jugée, la Section II, Chap. IV.

Des écritures privée.

Les écritures privées, qui ne ſont point reconnues & avouées par celui qui les a écrites, ou par ſes héritiers, ſi c'eſt contre ſes héritiers qu'on agit, ou qui ne ſont point accompagnées d'autres ſémi-preuves (1), ne font pas une preuve complette.

Lorſque la vérité de l'écriture privée a été déniée, on doit en faire la preuve par la comparaiſon de l'écriture en queſtion avec d'autres écritures de la même perſonne (2).

Il eſt néceſſaire, pour qu'une écriture privée établiſſe une obligation valable, que cette écriture ſoit de la main

(1) L. 5 & 7, cod. de probat.

(2) L. 16 & 20, & authen. ad hæc cod. de fide inſtrum.

de celui qui s'est obligé, ou du moins soit par lui souscrite (1). Il est encore nécessaire que cette écriture contienne la cause de l'obligation (2); car, comme nous l'avons déjà dit, l'obligation sans cause est nulle (3).

Les tablettes ou livres de raison qu'un défunt a laissés, où il marquoit ordinairement ce qui lui étoit dû, ne sont pas une preuve suffisante pour demander une somme qui y est marquée due (4). Il ne faut point appliquer ce principe contre les Négocians dont les registres font foi en vertu des privileges accordés au commerce.

Quand même le défunt auroit déclaré qu'une telle chose lui est due, & auroit fait cette déclaration dans son testament, ou à l'article de la mort, à cet instant où il semble qu'on ne peut rien commettre de contraire à la vérité, cette déclaration

(1) L. 11, cod. qui potior. in pignor.

(2) L. 25, §. 4, ff. de probat.

(3) L. 7, §. 4, ff. de pactis.

(4) L. 6, cod. de probat.

ne suffiroit pas pour établir la dette (1). Mais si la déclaration du testateur est pour une dette dont il se dit lui-même chargé, en l'assurant par serment, ses héritiers sont tenus de regarder cette déclaration comme un titre qui établit la dette (2).

## SECTION III.

### *De la preuve vocale ou testimoniale.*

UNE des principales preuves est celle qu'on tire du témoignage judiciaire d'un nombre suffisant de personnes qui ont été présentes à l'acte, à la convention, ou au fait dont il s'agit, ou qui sont instruites de ce fait, de cet acte, ou de cette convention par d'autres moyens.

Du nombre des témoins.

Le nombre de témoins qui peut faire preuve complette, se regle suivant ce qui est expressément exigé par la loi, relativement à l'acte qu'il s'agit de prouver; mais

(1) L. 6, cod. de probat.

(2) Authen. quod obtinet, cod. de probat.

à l'égard de tous les actes pour lesquels la loi n'a point fixé le nombre des témoins, deux suffisent (1).

Le témoignage d'une seule personne ne peut servir de rien (2); & lorsqu'une partie ne présente & ne veut présenter qu'un seul témoin, n'ayant aucune autre sémi-preuve, le Juge ne doit point l'admettre (3).

Il est permis de produire en jugement plus de deux témoins; mais il n'est pas permis d'en produire un nombre excessif: le Juge ne doit admettre que le nombre qu'il croit nécessaire (4).

Les insensés & les impuberes (5), ainsi que ceux qui sont notés d'infamie (6), ne peuvent pas être témoins. Les femmes qui ne sont pas admises à être témoins pour

Qui peut être témoin.

(1) L. 12, ff. de testibus.
(2) L. 4, cod. eod.
(3) L. 9, cod. eod.
(4) L. 1, §. 2, ff. eod.
(5) L. 3, §. 5, ff. eod.
(6) L. eâd.

déposer sur des dispositions de derniere volonté (1), & qui ne peuvent non plus servir de témoins dans aucun acte public pardevant Notaire, peuvent être reçues en jugement pour déposer sur des faits ou sur des conventions (2).

On ne peut être témoin dans sa propre cause. Le pere ne peut témoigner dans la cause de son fils, ni le fils dans la cause de son pere (3). Du reste, le Droit Romain admet tous les parens en ligne collatérale à déposer dans la cause de leurs parens, excepté néanmoins dans les accusations criminelles où l'on ne doit pas forcer les parens jusqu'au degré des enfans des cousins issus de germains, de porter témoignage contre leurs parens (4). A plus forte raison on n'est pas obligé de déposer contre soi-même (5).

---

(1) L. 20 §. 6, ff. qui test. facere possunt.
(2) L. 18, ff. de testibus.
(3) L. 9 & 10, ff. eod.
(4) L. 4, ff. eod.
(5) L. 7, cod. eod.

On ne doit recevoir pour témoins aucun de ceux qui ſont ſous les ordres des Parties; ainſi les maîtres ne peuvent pas faire entendre les dépoſitions de leurs domeſtiques (1).

Le témoignage de ceux qui ſe ſont laiſſé ſuborner n'eſt pas admiſſible, de même que de ceux qui ont des inimitiés capitales contre quelqu'une des Parties (2).

Ceux qui ſont juſtement ſuſpects de manquer de probité, doivent être exclus du droit d'être témoins (3).

Les Juifs ne peuvent ſervir de témoins contre les Chrétiens, ni les Hérétiques contre les Orthodoxes (4). La différence de leur croyance les rend ſuſpects; mais ils peuvent être témoins dans les cauſes qui ſe traitent entre eux (5).

---

( ) Arg. l. 25, §. 2, & l. 31, §. 15, ff. de ædilitio edict.

(2) Novell. 90, cap. 8; l. 17, cod. de teſtibus.

(3) Novell. 90, cap. 1.

(4) L. 21, cod. de Hæret.

(5) L. eâd.

Ceux qui sont ordinairement commis à la gestion des affaires de quelqu'un, ne peuvent être employés pour témoins relativement aux affaires qu'ils ont gérées ; comme aussi les Juges, les Arbitres, les Avocats, les Procureurs *ad lites*, ne peuvent être témoins de ce qui s'est passé sous leurs yeux dans les affaires dont ils ont été chargés (1).

Il y a des témoignages qui ne sont d'aucun poids, & qui doivent être réprouvés, parce qu'ils portent en eux-mêmes les motifs de leur réprobation. Tels sont les témoignages de ceux qui se sont rendus suspects de vouloir cacher la vérité en hésitant & en se contredisant dans leurs dépositions : ceux-là doivent même être punis (2).

De l'obligation de déposer.

Ceux qui refusent de venir rendre témoignage en Justice, doivent y être contraints (3), à moins qu'ils n'aient quelque

(1) L. 25, ff. de testibus.

(2) L. 2 & 16, ff. eod.

(3) L. 16, eod. eod.

excuſe légitime ; mais on ne peut jamais les obliger de venir dépoſer, ſans leur payer les frais que cette dépoſition leur occaſionne (1).

Avant que de dépoſer, les témoins doivent prêter ſerment entre les mains du Juge de dire la vérité (2). Du ſerment des témoins.

Celui qui produit des témoins en jugement, doit les produire, ſon adverſaire préſent (3), ou duement appellé, pour qu'il puiſſe donner ſes moyens de récuſation. De la production des témoins.

Celui qui a produit certains témoins, ne peut enſuite les récuſer, lorſqu'ils ſont produits contre lui, quoique dans une autre cauſe, à moins qu'il ne prouve que ces témoins ſont devenus depuis ce temps ſes ennemis, ou qu'ils ont été ſubornés (4).

La preuve vocale n'a pas lieu contre Quand eſt-ce que la preuve vocale n'a pas lieu.

(1) L. 16, cod. de teſtibus.

(2) L. 9, cod. eod.

(3) Authen. ſed & ſi, cod. eod.

(4) L. 17, cod. eod.

la preuve littérale (1). Cette regle est rigoureusement observée en France où l'on n'admet point de preuve vocale contre les actes, ni même pour des sommes ou choses excédantes la valeur de cent livres (2).

Il est inutile de s'étendre beaucoup sur les regles concernant la preuve vocale. En France, l'Ordonnance de 1667 y a suffisamment pourvu, en modifiant les dispositions du Droit Romain, ou en y dérogeant.

---

## SECTION IV.

### *Des présomptions.*

LA présomption est une conséquence raisonnable qu'on tire d'un fait certain, pour croire un autre fait sur lequel on doutoit.

---

(1) L. 1, cod. de testibus.

(2) Ordonnance de Moulins de 1566, article 54; Ordonnance de 1667, tit. 20, article 2.

On distingue trois sortes de présomptions, qui sont appellées en Droit, *præsumptio hominis*, *præsumptio iuris*, *præsumptio juris & de jure.*

Présomption de l'homme.

La présomption de l'homme est celle que l'intelligence humaine trouve naturellement par la combinaison & la liaison d'un fait à un autre. Cette sorte de présomption donne une preuve complette, lorsque le fait qu'on induit est une conséquence indispensable d'un fait précédent, suivant la nature & le cours ordinaire des choses (1). Lorsque cette présomption ne produit pas une exacte certitude, elle sert seulement d'adminicule ; dans ce cas, il faut qu'elle soit jointe à d'autres présomptions ou sémi-preuves, pour former une preuve suffisante.

Présomption de droit.

La présomption de droit est celle qu'une loi expresse reçoit comme une présomption légitime, & comme une preuve complette, si l'on ne peut fournir la preuve contraire : par exemple, lorsqu'on a payé

(1) L. 19, cod. de rei vindicatione.

pendant trois années consécutives les arrérages d'une cense ou d'une pension annuelle, les arrérages des années précédentes sont présumées de droit avoir été payées (1). De même, lorsque le créancier a rendu au débiteur son billet d'obligation, la dette est présumée payée (2). De même aussi, lorsqu'un écrit public ou privé, contenant une obligation, a été biffé, cancellé ou déchiré, le débiteur est présumé, de droit, libéré, à moins que le créancier ne prouve que la dette subsiste encore (3).

Lorsque quelqu'un agit en répétition du paiement d'une chose non-due, il doit prouver qu'il l'a payée par erreur, parce qu'on présume toujours que celui qui a fait un paiement, étoit débiteur (4).

Présomption de plein droit.

La présomption de plein droit, *juris & de jure*, est celle qui exclut toute preuve contraire :

(1) L. 5, cod. de apoch. public.
(2) L. 2, §. 1, ff. de pactis.
(3) L. 24, ff. de probat.
(4) L. 25, ff. eod.

contraire : par exemple, c'est par une présomption *juris & de jure*, qu'on suppose les enfans légitimes, suivant la regle, *pater est quem nuptiæ demonstrant*.

Il n'y a pas lieu à cette présomption, dans les cas seulement auxquels les approches du mari ont été physiquement impossibles au temps de la conception de l'enfant (1).

## SECTION V.

### *Des aveux & des interrogatoires.*

LES aveux peuvent servir de preuve en Justice contre ceux qui les ont faits. Tel est l'aveu d'une dette par le débiteur, du paiement d'une dette par le créancier, ou d'un fait quelconque par celui qui seroit intéressé à ce que ce fait ne fût point vrai.

(1) L. 6 & passim. ff. de his qui sui vel alien. jur.

Comment se font les aveux.

On fait un aveu judiciairement, ou extrajudiciairement.

Celui qui s'avoue débiteur judiciairement, se condamne par-là lui-même, comme s'il étoit condamné par une Sentence (1).

Les aveux extrajudiciaires n'emportent point condamnation (2); ils servent seulement de preuve.

Pour que l'aveu judiciaire ait force de condamnation, il faut qu'il ait été fait en présence de la Partie adverse, & qu'elle en ait requis acte; autrement, il ne peut servir que comme un aveu extrajudiciaire (3).

Il n'y a que ceux qui sont maîtres de leurs actions, & qui sont capables de prendre des engagemens par eux-mêmes, qui puissent se porter préjudice par leurs

(1) L. 1, ff. de confessis; l. unic. cod. eod.

(2) L. 56, ff. de re judicat.

(3) L. 6, §. 3, ff. de confessis.

aveux (1); ainſi, un pupille, un interdit, & tous autres auxquels il n'eſt pas permis de contracter, ne ſe nuiſent point en faiſant des aveux.

On peut revenir contre un aveu, quel qu'il ſoit, lorſqu'on l'a fait par erreur (2) : *qui errant, non videntur conſentire* (3). De l'aveu fait par erreur.

Lorſque les tuteurs ou curateurs font des aveux dans les cauſes des pupilles ou mineurs qui ſont confiés à leurs ſoins, ces aveux ne préjudicient point à ces pupilles ou mineurs. De même les aveux des Procureurs ne préjudicient point à leurs Parties, quand ils n'ont point de mandat exprès pour les faire (4). Effets des aveux.

Ce n'eſt que dans les cauſes civiles & pécuniaires, que l'aveu d'une Partie ſuffit pour opérer ſa condamnation (5). Dans

---

(1) L. 6, ff. de confeſſis, §. 4 & 5.

(2) L. 2, ff. eod.

(3) L. 116, §. 2, ff. de regul. jur.

(4) L. 6, §. 4, ff. de confeſſis.

(5) L. eâd. §. 2.

les causes criminelles, l'aveu de l'accusé ne peut le faire condamner, s'il n'y a d'ailleurs des sémi-preuves (1).

Dans les causes civiles, on ne peut diviser l'aveu d'une Partie, c'est-à-dire, on ne peut se servir de ce que l'aveu porte de nuisible pour la Partie qui a avoué, & laisser ce qu'il contient de favorable pour elle (2).

Des interrogatoires.

Il y a d'autres aveux qui ne se font point de plein gré, mais ensuite d'un décret du Juge qui ordonne de répondre sur des faits avancés par la Partie adverse.

Suivant l'ancien Droit Romain, on interrogeoit une Partie sur le droit qu'elle prétendoit avoir, avant d'entrer dans aucune discussion du procès; ce qui se faisoit par l'action appellée *interrogatoire*. Cette action étant tombée en désuétude, les loix n'ont admis les interrogatoires, que pour être employés dans le cours d'un pro-

(1) L. 1, §. 17 & 27, ff. de quæstionibus.
(2) L. 9, ff. de exceptionibus.

cès, & pour suppléer aux preuves qui manquent (1).

Non-seulement il est permis à une des Parties de demander que l'adversaire soit interrogé sur certains faits & articles, mais aussi le Juge a le pouvoir d'ordonner d'office un interrogatoire, lorsque l'équité le lui dicte, & lorsqu'il ne peut asseoir un jugement sans cela (2).

Il faut observer la différence qui est entre les aveux faits sur interrogatoires & les aveux judiciaires faits de plein gré. Elle consiste en ce que ceux-ci portent tout de suite condamnation contre celui qui les a faits; au contraire, ceux-là ne servent que comme des titres produits en jugemens (3), & n'accélérent point la décision du procès. Il est pourtant vrai que ces aveux sont des titres aussi forts, & qui lient aussi strictement qu'un contrat (4).

(1) L. 1, §. 1, ff. de interrogat. in jur. fac.

(2) L. 21, ff. eod.

(3) L. 12, ff. eod.

(4) L. 11, §. 9, ff. eod.

L'effet que les réponſes ſur interrogatoires produiſent, eſt non-ſeulement d'obliger ceux qui ont avoué quelque choſe à tenir pour vrai ce qu'ils ont avoué, mais encore de rendre ſuſpects ceux qui ſe contrediſent dans leurs réponſes; ce qui les fait paroître coupables de dénier la vérité de l'objet principal de l'interrogatoire, en répondant à d'autres objets par des menſonges (1). Ces menſonges ſervent de preuves contre le répondant, à moins qu'ils ne lui ſoient échappés par quelque erreur pardonnable (2).

Dans les cauſes où il s'agit de la conteſtation de quelque propriété, on ne peut demander qu'une Partie ſoit interrogée ſur la queſtion, ſi elle eſt vraiement propriétaire (3); ni dans les cauſes où la qualité de quelqu'un lui eſt diſputée, on ne peut le contraindre à répondre, s'il a vraiement cette qualité : par exemple, on ne peut

(1) L. 4, ff. de interrogat. in jur. fact.

(2) L. 11, §. 10, ff. eod.

(3) L. 73, ff. de rei vindicat.

demander à quelqu'un s'il est l'héritier d'un tel (1) ; mais on peut demander à quelqu'un, pour quelle portion il est héritier d'un tel (2), quelle portion de tels biens il possede (3), ou lui demander compte de certains faits relatifs à la décision de la cause.

Celui qui est interrogé judiciairement, doit faire des réponses nettes & précises ; autrement, c'est comme s'il refusoit de répondre (4) ; & celui qui refuse de répondre, est censé faire l'aveu le plus avantageux pour sa Partie adverse (5).

Les aveux sur interrogatoires n'obligent point une Partie, si elle ne les a faits elle-même personnellement. Ceux que son Avocat ou Procureur pourroit faire pour elle, ne lui sont pas nuisibles (6).

---

(1) L. 6, ff. de interrogat. in jur.

(2) L. 1, ff. eod.

(3) L. 10 & 20, §. 1, ff. eod.

(4) L. 11, §. 7, ff. eod.

(5) L. eâd. §. 4.

(6) L. 9, §. 4, ff. eod.

## SECTION VI.

### *Du ferment.*

Il y a plusieurs sortes de fermens dont la preuve est utile en jugement : le ferment prêté dans les obligations, le ferment volontaire, le ferment *litis*-décisoire, & le ferment supplétoire.

Du ferment prêté dans les obligations.

Les preuves du ferment prêté par une des Parties de ne jamais s'élever contre une obligation qu'elle a contractée, sont d'un plus grand poids que les preuves d'une simple obligation, tellement qu'un mineur qui a prêté un pareil ferment dans une obligation, n'a plus le droit de demander que cette obligation soit rescindée (1).

L'effet de ce ferment n'a pas lieu en France, ou l'on n'observe point la constitution de l'Empereur Frédéric, qui ne fert

(1) L. 1, cod. si adversùs vendit. authen. sacramenta puberum cod. eod.

qu'à éluder les dispositions des loix touchant les obligations des mineurs *.

Du serment volontaire.

Le serment volontaire est celui qu'une Partie s'est chargée de prêter par une convention expresse.

Comme le serment volontaire est fondé sur une convention agréée de part & d'autre, il n'est pas permis à celui qui s'est chargé de prêter serment, de le référer à l'autre Partie (1).

Du serment litis-décisoire.

Le serment litis-décisoire est celui qu'une Partie, qui manque de preuves en jugement, défere à l'autre Partie, & dont elle fait dépendre la décision de la cause (2).

Cette espece de serment étant un des

---

* Suivant le Droit Canonique, ce serment produit encore de plus grands effets. Il suffit qu'il ait été prêté dans un contrat quelconque, pour que la connoissance des contestations qui naissent de ce contrat puisse être attribuée aux Juges d'Eglise. Cette regle est aussi inconnue en France.

(1) L. 17, ff. de jurejurando.

(2) L. 1, ff. eod.

moyens dont on se sert pour terminer les procès, fait la matiere d'une Section particuliere dans le Chapitre suivant.

Du serment supplétoire.

Le serment supplétoire est ainsi appellé, parce que le Juge ne le défere que lorsqu'il y a un commencement de preuve, pour suppléer à ce qui y manque, & pour s'éclaircir de certains faits, sans la connoissance desquels il ne peut fonder son jugement (1). On l'appelle aussi judiciaire, parce que c'est le Juge qui le défere (2).

Ce serment ne doit être déféré qu'à celui qui est le maître du procès, *Dominus litis*: c'est-à-dire, à la Partie qui est en cause, & non à son Procureur; autrement il seroit nul (3).

Le Juge ne doit pas déférer le serment supplétoire dans les causes où il s'agit d'un testament, ou de la vérité d'une obligation (4).

(1) L. 31, ff. de jurejurando.
(2) L. 4, §. 1, ff. eod.
(3) L. 7, ff. de in litem jur.
(4) L. 6, ff. eod.

Lorſque l'objet du ſerment ſupplétoire eſt l'eſtimation d'une choſe due à la Partie qui doit prêter le ſerment, le Juge n'eſt pas obligé de ſuivre abſolument cette eſtimation, s'il lui paroît qu'elle ſoit exceſſive : mais il peut la régler & la modérer, ſuivant les circonſtances particulieres qui lui font connoître le juſte prix de la choſe dont il s'agit (1).

Il en eſt du ſerment ſupplétoire, comme du ſerment litis-déciſoire : une fois qu'il a été prêté, on ne doit point aiſément permettre de l'attaquer de parjure (2).

## CHAPITRE IV.

### *Comment on ſtatue ſur les actions & ſur les exceptions.*

APRÈS que les formalités uſitées pour la diſcuſſion d'une action ont été remplies, & que les preuves ont été fournies de

(1) L. 5, §. 1 & 2, ff. de in litem jur.
(2) L. 11, ff. eod.

part & d'autre, le Juge prononce la Sentence, & termine ainsi le différend qui est entre les Parties. Comme il ne s'agit point ici des formalités que la pratique judiciaire prescrit relativement aux actions, ni des formalités qui doivent précéder ou accompagner les jugemens, nous nous bornons à rapporter les principales regles qui concernent, 1°. les Juges, 2°. les jugemens, 3°. le serment litis-décisoire qui est une espece particuliere de jugement, 4°. les appels.

---

## SECTION I.

### *Des Juges.*

Il faut examiner deux choses par rapport aux Juges, ce qu'ils peuvent & ce qu'ils doivent faire.

Des pouvoirs des Juges.

Les pouvoirs d'un Juge sont tels que le Prince les lui a donnés. Ils s'étendent sur tous les lieux qui ont été compris dans son ressort. Ils s'appliquent à toutes les causes dont la connoissance lui est attribuée.

Quelquefois un Juge peut prononcer dans une cause dont la connoissance ne lui appartient pas, & qui se traite entre les personnes qui ne sont pas soumises à sa jurisdiction. C'est lorsque ces personnes ont consenti expressément ou tacitement à être jugées dans son Tribunal. Ceux qui avant la contestation en cause ne déclinent pas la jurisdiction du Juge pardevant lequel ils ont été assignés, se soumettent tacitement à cette jurisdiction (1).

Lorsqu'un Juge a prononcé une Sentence qu'on met à exécution, & qu'il s'éleve des contestations, eu égard à la maniere dont cette Sentence s'exécute, ce même Juge peut prononcer sur ces contestations (2).

Un Juge a le pouvoir d'ordonner l'exécution, dans son ressort, d'une Sentence qui

(1) L. 2, ff. de judiciis; l. 4, cod. de jurisdict. omn. judic.

(2) L. penult. ff. de confessis.

a été rendue par le Juge d'un autre ressort (1).

Lorsque plusieurs Juges ont été établis pour connoître d'une cause, ils doivent concourir, ou du moins assister tous ensemble au jugement de cette cause : par exemple, s'il y a trois Juges, deux ne peuvent pas juger la cause en l'absence du troisieme (2).

Dès que les Juges ont prononcé définitivement, il ne leur est plus permis de rétracter leur jugement (3). Ils n'ont ce pouvoir qu'à l'égard des Sentences interlocutoires qui ne touchent en rien le fonds du procès (4).

Des devoirs des Juges.

Venons à ce que les Juges doivent faire.

Le premier devoir des Juges est celui de prononcer le jugement (5), aussi-tôt que la cause est prête; car leur négligence à adjuger des droits justement réclamés,

(1) L. 45, §. ult. ff. de judic.

(2) L. 39, ff. de re judicat.

(3) L. 42, 45, §. 1, & l. 55, ff. eod.

(4) L. 14, ff. eod.

(5) L. 74, ff. de judiciis.

préjudicie à la Partie qui attend cette adjudication. Ils ne doivent pas, d'un autre côté, rendre la justice trop précipitamment : c'est ne la rendre qu'à moitié.

Il est inutile de dire que les Juges doivent être équitables, & juger suivant les loix, puisqu'ils sont les premiers Ministres de la Justice, & qu'ils sont essentiellement les dépositaires des loix. Mais il faut observer que, lorsqu'ils sont dans quelque doute, ils doivent plutôt suivre les principes de l'équité & de la raison naturelle, que les dispositions du droit (1), si l'application de ces dispositions paroît excessivement rigoureuse, eu égard aux circonstances. Cette maxime est fondée sur le motif que les loix ne doivent point être entendues suivant leur sens littéral, mais suivant les vues d'équité du Législateur (2).

C'est par une suite de cette maxime qui modere, autant qu'il est possible, la trop

---

(1) L. 8, cod. de judiciis.

(2) L. 17, ff. de legibus.

grande rigueur des loix, qu'il est permis, dans certains cas, au Juge qui condamne un débiteur au paiement d'une somme, d'accorder à ce débiteur un délai pour faire ce paiement, pourvu que ce délai n'emporte point un temps trop considérable (1).

Quoiqu'en général les Juges soient obligés de suivre l'équité plutôt que la rigueur du Droit, ils doivent néanmoins s'en tenir scrupuleusement à ce qui est exprimé dans les actes entre-vifs ou de derniere volonté, dont on leur demande l'exécution (2).

Les Juges doivent sur-tout observer de s'en rapporter aux preuves, telles qu'elles existent au procès, & de juger suivant les preuves, quand même ils sauroient quelles sont contraires à la vérité (3).

Lorsque les Parties qui plaident, tombent d'accord sur le jugement du procès,

(1) L. 21, ff. de judiciis.

(2) Annot. Gotofred. in D. L. 8, cod. de judic.

(3) L. 6, §. 1, ff. de offic. præsid.

le

le Juge est obligé de rendre la Sentence, telle que les Parties consentent de part & d'autre qu'elle soit rendue (1).

En prononçant la décision d'une cause, les Juges sont obligés de prononcer sur les dépens de cette cause, & de condamner à ces dépens celui qui a succombé : *victus in expensas condemnetur* (2); ce qui comprend non-seulement les dépens de la procédure, mais encore les dépens qui ont été occasionnés d'ailleurs à la Partie victorieuse : tels sont les frais de voyage (3).

Les Juges qui se sont laissé corrompre à prix d'argent ou autrement par l'une des Parties, outre qu'ils peuvent être actionnés criminellement pour leur prévarication, sont obligés de réparer tout le préjudice causé à la Partie qu'ils ont injustement condamnée, & sont exposés à être notés d'infamie (4).

(1) L. 26, ff. de re judicat.
(2) L. 13, cod. de judiciis.
(3) L. 79, ff. eod.
(4) L. ult. cod. de pœna judic.

Ce seroit s'écarter du plan de cet ouvrage, que de s'étendre ici davantage sur les devoirs des Juges qu'on peut trouver mieux détaillés ailleurs. Il suffit d'ajouter que les Juges sont tenus de suppléer aux moyens que les Parties ou que les Avocats des Parties omettent de faire valoir (1). Cela n'a pas lieu pour les moyens fondés sur des faits ou des preuves qui ont été omises, mais seulement pour les moyens fondés sur les loix, les statuts ou les coutumes dont les Juges doivent avoir une parfaite connoissance (2).

## SECTION II.

### *Des Jugemens.*

ON appelle *Jugement pétitoire*, celui qui est rendu sur une action pétitoire ; & Jugement *possessoire*, celui qui est rendu sur une action possessoire.

Si le Jugement termine tout-à-fait le

(1) L. unic. cod. ut quæ desunt Advocat.

(2) L. eâd.

procès, c'est un Jugement *définitif*. S'il statue seulement sur quelqu'une des formalités qui doivent être observées durant le cours du procès, ou sur quelque préalable qui doit être rempli avant le Jugement définitif, c'est un Jugement *interlocutoire*. S'il condamne une Partie qui ayant été assignée n'a point comparu, c'est un Jugement *par défaut*, ou Jugement de *contumace*.

Il suffit d'examiner quels effets résultent des Jugemens, & comment les Jugemens sont nuls.

Des effets que les jugemens produisent.

Les effets qui résultent des Jugemens, sont, 1°. de porter exécution parée, 2°. de produire l'autorité de chose jugée.

De l'exécution des jugemens.

Les Jugemens portent exécution parée (1), c'est-à-dire, l'injonction étant préalablement faite à la Partie condamnée d'obéir au Jugement, les dispositions de

(1) L. 4, §. 4, ff. de re judicat. L. 2, cod. de execut. rei judic.

ce Jugement sont exécutoires contre elle par autorité de Justice.

Cela n'est pas ainsi pour les Sentences des Arbitres. Elles n'ont par elles-mêmes aucune force, & ne peuvent porter exécution parée, qu'en tant qu'on a eu recours au Juge qui a ordonné cette exécution (1).

L'exécution des Jugemens ou Sentences ne peut avoir lieu que contre ceux qui sont intervenus au procès (2). Si la Sentence dont il s'agit n'a pas été rendu en dernier ressort, & que celui qui a été condamné en ait formé appel, l'exécution en est suspendue, jusqu'à ce qu'on ait jugé sur l'appel (3). Il y a néanmoins des Sentences qui doivent être exécutées nonobstant l'appel. Telles sont les Sentences en matiere de récréance (4), autrement dites possessoires, ainsi que les autres Sentences provisoires.

---

(1) L. 15, ff. de re judic.

(2) L. 2, cod. quibus res judic. non nocet.

(3) L. unic. ff. nihil innov. appell.

(4) L. unic. cod. si de moment. possess.

On exécute les Sentences qui condamnent un débiteur au paiement d'une dette, en saisissant les biens de ce débiteur par autorité de Justice, pour être payé sur le prix provenant de la vente de ces biens. Il faut observer de ne pas saisir les immeubles de ce débiteur, qu'en cas d'insuffisance de ses biens mobiliaires (1).

Les biens saisis sur ceux qui ont été condamnés au paiement d'une dette, ne peuvent être vendus qu'aux encheres publiques (2), *sub hastâ*, & suivant les formalités judiciaires qui sont usitées.

Il faut remarquer que celui qui, en vertu d'un Jugement, a fait saisir les biens de sa Partie adverse, a un droit d'hypotheque sur les biens saisis (3). C'est ce qu'on appelle *hipotheque judiciaire*.

De l'autorité de la chose jugée.

Les Jugemens portent autorité de chose jugée, lorsque celui qui été condamné ne

(1) L. 15, ff. de re judicat.

(2) L. 13, cod. de execut. rei judic.

(3) L. 26, ff. de pignor. act.

peut plus revenir contre la condamnation.

Il n'y a que les Jugemens définitifs qui puissent porter autorité de chose jugée (1).

Les Jugemens qui n'ont pas été rendus en dernier ressort, n'ont point l'autorité de chose jugée, si la Partie condamnée en a formé appel dans le temps prescrit (2). (Les loix fixent à dix jours le temps pour appeller (3); ) mais ils ont cette autorité, si la Partie condamnée ne se rend point appellante (4), ou si elle acquiesce au Jugement, quand même elle n'y acquiesceroit que tacitement.

C'est acquiescer tacitement à un Jugement, que de commencer de l'exécuter, ou de demander un délai pour l'exécuter (5).

---

(1) L. 1, ff. de re judic.

(2) L. 27, ff. eod.

(3) Authen. hodie, cod. de appellat.

(4) L. 27, ff. de re judic.

(5) L. 5, cod. eod.

Peu importe que les Jugemens soient justes ou injustes, pour avoir force de chose jugée; mais les Jugemens qui sont nuls ne l'ont jamais.

Comment les Jugemens sont nuls.

Les Jugemens sont nuls relativement à la qualité de celui qui juge, ou relativement au temps auquel il a jugé, ou relativement à ce qui a été prononcé, ou relativement aux personnes entre lesquelles le Jugement a été rendu.

Si celui qui a jugé n'avoit aucune qualité de Juge, le Jugement est nul. Il est également nul, si le Juge prononce d'une maniere incertaine, & ne désigne pas assez clairement ce à quoi il condamne (1): tel seroit un jugement qui porteroit simplement que le condamné payera tout ce qu'il doit (2).

Le Jugement est nul, si le Juge l'a prononcé dans le temps des féries ou vacations, à moins qu'il n'ait été question d'une cause sommaire, ou d'un jugement provisionnel (3).

---

(1) L. 3, cod. de Sentent. quæ sine certâ.

(2) L. 21, §. 3, ff. de recept. qui arbitr.

(3) L. 2, ff. de feriis.

Il est nul, si le Juge a prononcé sur *non petita*, ou *ultrà petita* (1), s'il a ordonné quelque chose d'illicite ou d'impossible (2), s'il a statué expressément contre les dispositions des loix (3) : ceci ne doit s'entendre que pour les Jugemens qui prononcent aussi évidemment contre la loi, que s'ils jugeoient que la loi ne doit pas être observée; car s'ils jugent que l'espece dont il s'agit n'est pas dans le cas de la loi, le Jugement peut être injuste, mais il n'est pas nul (4).

Les Sentences ou Jugemens rendus contre un mineur ou un insensé, qui n'étoit pas assisté de son curateur (5), contre un pupille, qui n'étoit pas assisté de son tuteur (6), ou entre des Parties dont l'une

(1) L. 18, ff. communi divid.

(2) L. 3, ff. quæ Sentent.

(3) L. 2, cod. quando provocare non necesse.

(4) L. 32, ff. de re judic.

(5) L. 9, ff. eod.

(6) L. 1, cod. qui legitim. person.

n'étoit point capable d'ester en Jugement, sont nuls, ainsi que les Jugemens rendus contre des personnes qui n'avoient point été assignées (1).

## SECTION III.

### *Du serment litis-décisoire.*

LORSQU'ON manque de preuves pour soutenir une action qu'on a intentée, ou une exception dont on s'est servi, il est permis de faire dépendre la décision de la cause, du serment de la Partie adverse, en l'interpellant d'affirmer la vérité des faits qui sont la matiere de la contestation (2). Ce serment est appellé litis-décisoire.

Suivant le Droit Romain, celui qui défere le serment à sa Partie adverse, doit prêter auparavant le serment de calomnie, c'est-à-dire, assurer avec serment qu'il défere de bonne foi le serment litis-déci-

(1) L. 1, ff. quæ sentent.

(2) L. 1, ff. de jurejurando.

ſoire (1). Cela ne s'obſerve point en France.

Qui peut déférer le ferment.

Toute perſonne qui eſt capable d'eſter en Jugement, peut déferer le ſerment litis-déciſoire. Les pupilles, les inſenſés, les interdits, & tous ceux qui ne peuvent pas diſpoſer de leurs droits, ne ſont point admiſſibles à déférer ce ſerment (2). Les mineurs n'y ſont admiſſibles, que lorſqu'ils ſont autoriſés par leurs curateurs (3).

Un Procureur ne peut déférer le ſerment, s'il n'a un pouvoir ſpécial à cet effet, ou s'il n'a un pouvoir univerſel d'adminiſtrer, comme il lui plaît, les affaires de ſa Partie (4) *.

Les curateurs des inſenſés ou interdits, les tuteurs & les Procureurs qui ont des pouvoirs ſans bornes, ne peuvent déférer le ſerment litis-déciſoire au nom de ceux

(1) L. 34, §. 4, ff. de jurejurando.

(2) L. 35, §. 1, ff. eod.

(3) L. 17, §. 1, ff. eod.

(4) L. eâd. §. 3.

* Voyez la Section des mandats, Part. III.

pour lesquels ils agissent, que lorsqu'ils n'ont aucun autre moyen de preuve (1).

De même qu'il n'y a que ceux qui sont maîtres de leurs droits, qui puissent déférer le serment, de même ce n'est qu'à ceux qui sont maîtres de leurs droits, qu'on peut le déférer; ainsi on ne peut le déférer à un mineur (2). A qui on peut déférer le serment.

Néanmoins si un mineur veut prêter le serment qui lui a été déféré, & qu'il résulte de son serment la condamnation de la Partie adverse, ce serment doit produire son effet. La raison en est que les loix qui favorisent les pupilles, n'ont lieu que pour empêcher ce qui peut leur être nuisible. Quant aux personnes qui se sont confiées au serment d'un pupille, elles doivent subir la condamnation qui en est la suite; & peu importe, à leur égard, de quel sexe, de quel âge, de quelle qualité soit celui auquel elles ont déféré le serment (3).

---

(1) L. 35, in princip. ff. de jurejurando.

(2) L. 34, §. [illegible], ff. eod.

(3) L. 26, ff. eod.

Dans quel cas le serment peut-il être déféré.

Il est permis de déférer le serment décisoire dans toutes sortes de causes où les Parties manquent de preuves (1). Il suffit que les faits sur lesquels le serment doit être prêté, puissent être connus par la personne qui doit le prêter.

Il n'est pas nécessaire d'apporter un commencement de preuve, pour être reçu à déférer le serment (2).

Aussi-tôt qu'une Partie a déféré le serment, elle ne peut se rétracter de l'avoir déféré, qu'en avançant qu'elle a trouvé de nouvelles preuves qui lui sont suffisantes; & si les nouvelles preuves qu'elle fournit après cette rétractation, ne lui suffisent point, elle ne peut déférer de nouveau le serment à son adversaire (3).

De l'effet du serment.

L'effet que produit le serment litis-décisoire, est de terminer les contestations d'entre les Parties, en vertu d'un Jugement qui doit être rendu d'après le serment.

---

(1) L. 3, cod. de rebus credit. & jurejur.

(2) L. 35, ff. de jurejur.

(3) L. 11, cod. de rebus credit.

L'autorité de ce Jugement est plus puissante que l'autorité de tout autre Jugement (1), parce que ce consentement réciproque des Parties, de s'en tenir au serment qui sera prêté par l'une d'elles, est regardé comme une espece de transaction (2).

Lorsque le serment a été déféré à une Partie, elle ne peut refuser de le prêter ou de le référer. Si elle ne fait ni l'un ni l'autre, elle doit être condamnée (3), comme si elle avoit avoué, à l'avantage de son adversaire, les faits sur lesquels son serment devoit être prêté. Son silence est pris pour l'aveu le plus exprès (4).

Dès que le serment décisoire a été prêté, celui qui a été condamné par une suite de ce serment, ne peut être reçu à prouver que le serment a été prêté de mauvaise foi; & que c'est un parjure (5), à moins qu'il

(1) L. 2, ff. de jurejur.

(2) L. 31, ff. eod.

(3) L. 9, cod. de rebus credit.

(4) L. 38, ff. de jurejurando.

(5) L. 15, ff. de exceptionibus; l. 1, cod. de rebus credit.

n'offre de faire cette preuve par des pieces nouvellement recouvrées (1).

Le serment étant prêté, la condamnation doit nécessairement s'ensuivre, & on ne peut pas même élever la question, s'il y avoit lieu au serment (2).

Les personnes qui ne sont pas intervenues au procès, ne sont point affectées par le serment qu'une des Parties y a prêté (3).

Lorsque le serment a été prêté vis-à-vis un co-créancier solidaire, il affecte aussi l'autre co-créancier qui n'est point intervenu à la prestation du serment (4).

Si le débiteur principal s'est libéré par son serment, sa caution est par là également libérée (5). Lorsque le créancier a attaqué la caution sans agir contre le débiteur principal, si la caution a affirmé le paiement de la dette par son serment déci-

(1) L. 31, ff. de jurejurando.

(2) L. 5, §. 2, ff. eod.

(3) L. 3, §. 3, ff. eod.

(4) L. 28, in princip. ff. eod.

(5) L. eâd. §. 1.

ſoire, ce ſerment éteint auſſi l'obligation du débiteur principal (1).

Après que le ſerment déféré a été accepté, il dépend de la Partie qui l'a déféré d'empêcher l'autre Partie, de le prêter en offrant de ſubir condamnation (2).

## SECTION IV.

### *Des Appels.*

LES appels ſont le dernier moyen dont on puiſſe ſe ſervir dans les Tribunaux de Juſtice, pour exercer les actions, ou pour faire valoir les exceptions.

Appeller d'une Sentence, c'eſt recourir à un Tribunal ſupérieur, pour qu'il annulle ou qu'il réforme une Sentence rendue par un Tribunal inférieur, contre laquelle on peut oppoſer des griefs de nullité ou d'injuſtice.

Le temps fixé par le Droit Romain pour

(1) L. 42, in fine, ff. de jurejur.

(2) L. 6 & 9, ff. ord.

appeller d'une Sentence, est de dix jours (1).

Il suffit qu'une Sentence n'ait point été rendue en dernier ressort, pour qu'on puisse en former appel.

Examinons seulement qui sont ceux qui ont le droit de former appel, & quels sont les effets de l'appel.

Qui sont ceux qui peuvent appeller.

Tous ceux qui sont intéressés à ce qu'une Sentence soit annullée ou réformée, peuvent être appellans de cette Sentence (2), à moins qu'ils n'aient renoncé à la faculté d'appeller (3). Ils peuvent former leur appel non-seulement par eux-mêmes, mais encore par le ministere d'un Procureur. Bien plus, un Procureur qui a été constitué pour la poursuite d'un procès, a le droit de former appel de la Sentence rendue contre sa Partie, sans avoir reçu d'elle un mandat exprès à cet effet (4).

---

(1) Authen. hodiè, cod. de appellat.

(2) L. 4 §. 3, ff. de appell. & relat.

(3) L. 1 2. §. 3, ff. à quibus appell. non licet.

(4) D. l. 4, §. 5, ff. de appell. & relat.

Les

Les tuteurs, les curateurs & tous ceux qui administrent les affaires d'autrui, ont le pouvoir de former appel d'une Sentence qui est contraire aux intérêts de ceux dont les affaires leur sont confiées (1).

Les loix permettent a la mere d'un pupille ou d'un mineur, qui a été condamné par une Sentence de laquelle son tuteur ou curateur néglige de former appel, d'interjetter elle-même l'appel au nom de son enfant, quoiqu'elle n'ait d'ailleurs aucun droit de s'immiscer dans ses affaires (2).

Dans les causes criminelles où l'accusé a été condamné au dernier supplice, il est permis à tout citoyen, quel qu'il soit, de former appel pour lui de la Sentence qui le condamne (3). Cette regle ne peut point avoir lieu en France où les Sentences capitales ne s'exécutent jamais sans avoir été confirmées par les Tribunaux sou-

(1) L. 1, in princip. ff. de appell. recip.

(2) L. eâd. §. 1.

(3) L. 6, ff. de appell. & relat.

verains, fur l'appel qui doit toujours être formé par le Procureur du Roi.

L'appel étant interjetté, l'on n'eft pas obligé d'en pourfuivre le Jugement. On peut y renoncer (1); & par ce moyen, les chofes font remifes dans le même état où elles étoient avant l'appel.

Effets de l'appel.

Le premier effet qui réfulte de l'appel, eft de fufpendre l'exécution de la Sentence dont on eft Appellant; car tant que l'appel n'eft pas jugé, on ne peut faire aucune innovation contre l'Appellant (2).

Un autre effet de l'appel confifte en ce que, fi plufieurs ont été condamnés par la même Sentence (3), & pour le même motif, & fi l'un d'eux feulement, ayant formé appel de cette Sentence, en a obtenu la réformation, le Jugement qu'il a obtenu eft commun à tous les autres qui avoient été condamnés avec lui, quoique ceux-là ne fe foient pas joints à fon appel:

(1) L. 28, cod. de appellat.

(2) Tot. tit. ff. nihil innov. appell.

(3) L. 10, in princip. ff. de appel. & relat.

mais cela n'a pas lieu, lorſque celui qui a été le ſeul Appellant, avoit à fournir, contre la Sentence, des griefs particuliers que les autres n'avoient point (1).

Les ordonnances, les uſages, & la pratique judiciaire de chaque pays ont établi d'autres regles touchant les appels. Nous ne les rapportons point ici, parce que nous n'avons eu deſſein que d'indiquer, ſur chaque matiere, les principales regles du Droit Romain.

(1) L. 10, §. 4, ff. de appel. & relat.

FIN.

## *FAUTES A CORRIGER.*

A LA fin du premier volume, ligne 4 de l'approbation, au lieu de qui m'eut paru, *lisez* qui m'ait paru.

Page 40, lig. 14, le faire, *lisez* de le faire.

Page 104, lig. 15, hypothéqués, *lisez* hypothéquées.

Page 143, premiere citation, ff. de locati, *lisez* ff. locati. La même erreur se trouve dans les citations des pages 144, 145 & 146.

Page 235, lig. 16, Senat. Vellea. *lisez* Velleïan.

Page 251, lig. 6, ne rien faire, *lisez* rien faire.

Page 269, lig. 5 & 6, conracté, *lisez* contracté.

Page 280, lig. 7, le mot *non* doit être en caracteres italiques

Page 281, lig. 4 & lig. 13, même faute pour le mot *non*.

Page 300, premiere citation judice, *lisez* judicum.

Page 320, lig. 3, sa loi, *lisez* la loi.

# TABLE GÉNÉRALE

Des Chapitres, Sections, & Articles contenus dans les deux volumes.

## PREMIER VOLUME.

---

## SECONDE PARTIE.

### Des choses & des moyens de les acquérir à titre lucratif.

Fin de la Table du premier volume.

# SECOND VOLUME.

## TROISIEME PARTIE.

Des moyens d'acquérir les choses à titre onéreux.

---

## QUATRIEME PARTIE.

### Des Actions.

Fin de la Table du ſecond volume.

www.ingramcontent.com/pod-product-compliance
Ingram Content Group UK Ltd.
Pitfield, Milton Keynes, MK11 3LW, UK
UKHW020156250726
13967UKWH00003B/1084